최윤미 | 박정민 | 신효정 공저

오해하지 말아주세요

기성세대와의 효과적 의사소통을 위한 Y세대 참고서

박영story

들어가기

• • •

"행복하고 건강한 삶을 위해서는 무엇보다도 사람과 사람간의 소통이 중요하다."

"갈등 상황에서는 경청하며 합의점을 찾아가는 대화만이 대안이다."

"조직에서는 커뮤니케이션을 잘하는 사람이 성공한다."

서점에 가면 관련 주제를 담은 책들이 책장 가득히 꽂혀 있고, 누구나 그런 이야기를 한다. 틀린 이야기도 아니고, 실제로 도움이 되는 내용들도 많이 찾아볼 수 있다.

조직 구성원을 대상으로 효과적인 상호작용과 의사소통의 방법에 대한 강의도 자주 이루어지곤 한다. 하지만 2% 아쉬운 점이 있다. 대부분의 책이나 강의의 경우, 의사소통을 풀어가는 칼자루를 잡는 대상을 주로 기성세대, 즉 조직의 관리자로 잡고 있다는 것이다.

"요새 애들은 말을 할 때 너무 버릇이 없어요"

"자기 생각만 하고, 상대방의 입장에 대해 고려를 하지 못한다니까요"

관리자들의 불만이 쏟아지고, 그 불만을 관리자들이 어떻게 해결할지에 대한 이야기만 주로 다루어진다. 즉, 의사소통 때문에 일어나는 갈등에서는 젊은 세대들이 아무 생각도 없이 잘못을 저지르고 있다는 것을 당연한 전제로 하고, 문제해결 능력이 없는 그들을 올바른 길로 인도하기 위해서는, 관리자가 나설 수밖에 없다는 것을 내세우는 것 같이 느껴진다. 하지만 어떤 상황에서든 싸움이 나면 양쪽의 말을 다 들어봐야 하지 않는가. 한쪽의 말만 들어보면, 무조건 상대방이 잘못한 것같이 느껴지기 마련이다. 실제로 젊은 세대 조직 구성원들의 이야기를 들어보면, 좋은 의도를 가지고 한 행동이나 말에 대해 제대로 이해나 인정을 받지 못하고, '부족한 것 없이 자라서 아직 세상의 쓴 맛을 모르고, 철저하게 자기중심적인데다가, 한술 더 떠서 눈치도 없는 철딱서니 없는 것들'로 가치절하되는 억울함을 많이 찾아볼 수 있다. 실제로 조직 관리자들도 특정 행동을 했을 때 야단을 치고 비난을 하는 것에서 그칠 뿐, 그 행동이 왜 문제가 되는지를 세세하게 설명해주고, 대안적으로는 어떤 행동이 더 바람직한지에 대해 일러주고 연습시켜주는 경우는 매우 드물다. 이런 상황에서는 우리 젊은 세대들은

"왜 나만 미워하는 거야?"

"도대체 어쩌라는 건데?"라는 좌절감만 들 수밖에 없다.

그래서 이 책은 젊은 세대 조직 구성원들과, 앞으로 사회생활을 시작할 예비 사회인들을 위한 선물로 쓰였다(물론 기성세대 관리자가 먼저 구입해서 읽어보고, 젊은 세대 부하직원을 이해하는 목적으로 사용한다면 그 이상 좋은 일이 없을 것이다).

의사소통에서 일어나는 갈등상황을 젊은 세대의 시각에서 바라보고, 젊은 세대의 입장을 대변하며, 더 효과적인 소통 방법을 찾기 위한

"오해하지 말아주세요"가 이 책의 큰 주제이다.

젊은 세대가 가지고 있는 좋은 의도와, 반짝반짝 빛나는 역량과 자원들이 제대로 이해되고 인정받을 수 있도록 하는 방법을 찾기 위함인 것이다.

기성세대와 우리 젊은 세대는 어떤 차이점을 가지고 있는지에 대해 먼저 머리를 통해 이해해보고, 차이점에서 오는 오해를 줄이는 방법에 대해 마음과 몸을 통해 지속적으로 연습해보도록 하자.

내가 원하는 삶의 목표에 가까워지는 길을 조금 더 명확하게 볼 수 있을 것이며, 사람들과 효과적으로 소통하는 과정 속에서 한 발짝씩 성장해나가는 기쁨을 찾을 수 있을 거라 기대한다.

주위의 사람들과 연결될 수 있는 튼튼하고 건강한 다리를 놓기 위해, 오늘도 땀 흘리며 노력하고 있는 젊은이들에게 힘찬 응원을 보낸다.

2014년

최윤미 · 박정민 · 신효정

목 차

••• 오해 줄이기 세 번째 작업: **몸으로 이해하기**

••• 건강한 의사소통을 위한 효과적인 TIP

CHAPTER 1

오해 줄이기 **첫 번째** 작업

—

머리로 이해하기

오해 줄이기 첫 번째 작업

• • •

머리로 이해하기

친한 친구가 찾아와서 '주위 사람들과 이런 갈등이 있어서 너무 힘들어~' 라며 투덜투덜 불만을 토로하는 장면을 머리에 떠올려보자. 나는 대부분의 경우, 어떤 반응을 보였었던가? 또는 내가 '정말 사람 때문에 다 때려치고 싶어!'라고 부르짖었을 때, 조언을 구한 사람은 뭐라고 대답을 해줬었던가? 평소에 우리가 제일 많이 말하고, 제일 많이 듣는 의사소통 및 상호작용의 갈등 해결책은 '네가 생각을 바꿔'이다. '생각을 바꾸면 다 해결돼'라는 말은 너무나 흔하고 쉽게 하는 말인 반면, 솔직히 실제로 생각을 바꾸는 것을 행동으로 옮기기란 너무나 쉽지가 않다. 왜냐하면 생각이라는 녀석은 그 어떠한 시도도 하지 않고 가만히 앉아 있으면 스스로 알아서 궤도를 바꾸지 않기 때문이다. 우리의 머리 속에 그러한 생각이 들어가게 된 데에는 나름대로의 역사가 있고, 나름대로의 이유가 있다. 이제는 시간과 에너지를 투자해서 우리의 머릿속에 있는 생각들을 점검하고, 살펴보고, 재구성하는 작업을 해보도록 하자. 그러기 위해 첫 번째로는 '효과적인 커뮤니케이션'에 대해 알고 있으면 좋은 지식들을 훑어보고, 두 번째로는 '기성세대와 우리 젊은 세대가 가지고 있는 차이점'에 대해, 역시 알고 있으면 도움이 되는 사실들을 새삼스럽게 정리해보도록 하겠다.

1. 효과적인 커뮤니케이션이란 무엇인가?

우리는 '대화'를 통해서 남들과 '소통'을 한다. 이 세상은 혼자 살 수 있는 곳이 아니기에, 사람들과 더불어 살기 위해서는, 전달하고 싶은 것이 감정이든, 의견이든, 생각이든 상관없이 자신의 상황을 명확하게 상대방에게 알려야만, 서로 다른 생각과 욕구를 가진 사람들이 서로 원하는 바를 조율할 수가 있는 것이다. 이와 같이 사람들이 자신의 상황을 상대방에게 알리는 행동은, 서로에 대한 이해를 촉진하고 함께 하는 일을 완성시킬 수 있게 만든다. 대화는 자신을 알리는 가장 보편적인 방법이고, 대인관계에서의 만족도를 결정하는 중요한 요인이다. 연구결과를 보면, 부부 관계의 결혼생활 만족도에 가장 큰 영향을 미치는 요인도 부부간 의사소통, 특히 문제해결 시에 나누는 의사소통 유형이라고 한다(고현선, 1995; 임승락, 권정혜, 1998; 이정은, 이영호, 2000).

그런데 과학 기술의 발달과 더불어 현대의 대화 채널은 한없이 넓어지고 있고 소통 방식도 매우 다양해지고 있다. 20세기까지가 면대면, 혹은 편지나 쪽지를 통해서만 대화가 가능했던 시기라고 한다면 21세기에 들어서면서는 (특히 우리나라에서는 더욱) 인터넷이 빠른 속도로 확산되었고, 컴퓨터 기술에 있어서 예측할 수 없을 만큼의 엄청난 발전을 통해 획기적인 소프트웨어 프로그램들이 개발되었기 때문에 실제로 사람들이 얼굴을 마주하지 않아도 다양한 방법으로 대화가 가능하게 되었다. 그리고 더 획기적인 문명의 이기인 스마트폰이 등장하면서는, 컴퓨터가 설치되어 있는 닫힌 공간뿐 아니라, 길을 걸으면서도 지하철을 타고 움직이면서도, 그야말로 언제 어디서나 대화가 가능해졌다. 시간과 공간을 초월한 대화는 글로 쓰였거나 말로 전달하는 written communication & oral communication뿐 아니라, 실제 눈앞에서 상대방이 움직이고 이야기하는 동영상을 통해, 언어적 표현과 비언어적 표현이 모두 전달되면서 전반적 소통이 가능해지게 되었다.

말로, 글로, 몸으로 전달되는 메시지

대화는 말로, 글로, 그리고 얼굴로, 몸으로, 심지어 침묵으로－정말 다양한 채널을 통하여 이루어지고 있다. 대화를 하다보면 전달하고자 하는 바가 정확히 전달되기도 하지만, 때로는 말한 이의 의도와는 전혀 다르게 상대에게 받아들여지기도 한다. 생각해보면, 사실 대화는 내가 전달하려한 것과 상대방이 받아들인 것이 얼마나 일치하느냐, 혹은 차이가 얼마나 적으냐가 가장 중요한 점이다. 그렇게 대화가 되려면 정확히 전달하고, 정확히 받아들여야 하는데 어떻게 하면 잘 전달하고 왜곡 없이 받아들일 수 있느냐 하는 문제가 우리가 풀어야 할 과제일 것이다.

우리가 하는 대화는 주로 말과 글이라는 언어를 매개로 하여 이루어진다. 말을 통해 정보를 주고 받는 것은 물론, 소망이나 가치, 신념을 전달하기도 하고, 감정을 전달하기도 한다. 메시지에는 전달하고자 하는 정보 외에도, 말 속에 내포된 많은 것들이 동시에 전달된다. 이를 테면, "이거? @@마트에서 샀어"라고 물건을 살 수 있는 곳에 대한 정보를 줄 때도 이미 그 물건이 싸다, 싸고 좋아 만족스럽다, 싸지만 질이 떨어져 만족스럽지 않다 등등 그가 가진 여러 가지 속내가 함께 전달된다. 더구나 스마트폰, 인터넷 등 첨단 기술이 발달한 요즘은 글이 말의 기능을 대신하고, 글을 통해 객관적 정보 이상의 것도 짧은 시간 안에 많은 사람에게 한꺼번에 전달할 수 있는 시대가 되었다. 예전에는 편지나 메모, 보고서 등 글을 활용해서 일방적으로 메시지를 전달하였지만, 현대에는 전자 메일이나 전자 쪽지, 문자 메시지를 통해, 일방향 전달과 양방향 대화가 실시간 이루어지면서 말 뿐 아니라 글의 기능 범위도 넓어지고 있다. 요즘의 글은 활자만을 통한 예전 전달 방식에 비하면 그 범위가 훨씬 넓어진 셈이다.

> "금요일 모임은 저녁 8시, 신촌 맛나집입니다. 참석여부 답신 바랍니다" "가영, 참석!"
> "(번개) 종로에 계신 분들 얼굴 봅시다!" "저요! 종로 3가에서 1시간 후에 미팅 끝납니다!!"
> "자기야, 어제 화내서 미안!! ㅠㅠ 기분 풀고 힘차게 일하셈!!"
> "사랑해~ 뿌잉뿌잉~ ^^b"

문자를 통해 모임 시간과 참석 여부를 알리고, 현재 자신의 위치와 마음 상태도 알린다. 이렇게 전달되는 글은 단순한 문자라기보다는, 말이 하던 기능을 대신하는 것이라고 할 수 있다. 글을 통해 메시지를 전달하는 것은, 말로 전하는 것과 차별화된 장점을 가지고 있다. 지금 하고 있는 일, 회의, 작업, 수업에 지장을 주지 않으면서도 내용을 전달할 수 있는 수단이 되기 때문이다. 그리고 그 기능도 확대되어, 사실적 정보뿐만이 아니라 "ㅋㅋ" "ㅎㅎ" "^^;;;;" 등 각종 기호와 이모티콘을 통해, 그 글에 포함된 자신의 정서도 함께 전달하는 센스까지 발휘할 수 있게 되었다. 문명의 이기를 통해, 글, 그림, 사진, 동영상, 실시간 언어, 녹음된 언어 등 다양한 방법으로 원하는 메시지를 전달할 수 있게 되는 것이다. 사진, 동영상은 청각 정보뿐 아니라 시각 정보가 포함되어 전달됨으로써 메시지 내용 그 자체에 부가된 내용을 전달하기도 한다.

이제는 아련한 추억 속으로 사라졌지만 한때 시청자들에게 즐거움을 주었던 오락 프로그램 '가족 오락관'에서는, 출연자들이 모두 귀마개를 하고, 첫 번째 사람만 본 단어를 옆 출연자에게 큰 소리로 전달하는 게임 코너가 있었다. 소리로 전달하지만, 귀를 덮은 귀마개 때문에 실제로 소리는 들을 수 없기 때문에, 입모양만으로 옆 사람, 또 그 옆 사람에게 첫 출연자만이 본 단어를 전달해야 하는 상황인 것이다. 그러다보니 몇 명의 출연자를 거치고 나면, 시청자들과 첫 번째 사람만이 알고 있는 단어는, 마지막 사람에게 엉뚱한 단어로 전달되어 버리곤 하는 모습이 시청자들에게 웃음을 자아내었었다. 하지만 어떤 때에는, 여러 출연자를 거치면서도 정확히 전달되어 감탄을 자아내기도 하며, 중간에는 전혀 다른 단어로 변질되다가 마지막 출연자가 전해들은 단어를 엉뚱하게 또다시 바꾸어 처음 단어를 맞추기도 했다. 이 게임은 단순히 웃음을 주는 것을 넘어서, 우리들에게 많은 것을 시사한다. 즉, 말은 소리로만 전달되는 것이 아니라 입모양, 표정, 온 몸의 몸짓으로 전달되는 것이라는 점이다. 시아_Shea(1988)의 연구에 의하면 언어적 내용으로 이루어지는 의사소통은 10%에 지나지 않으며, 나머지 90%는 비언어적인 정보로 이루어진다고 한다(이경순, 이미경, 김경희, 2003에서 재인용).

대화는 말이나 글과 같이 언어를 통한 소통의 방식도 있지만, 언어 외의 비언어적 통로들도 제각각 정보를 전달하고 있다. 퇴근하고 집에 들어갔을 때, 코끝을 스치는 구수한 된장 냄새와 짭짤한 생선 냄새는, '오늘 저녁 메뉴는 생선구이와 된장찌개입니다'라는 정보를 후각으로 전달하고 있다. 점심을 먹으러 간 식당 화장실의 문을 열었을 때, 고약한 냄새가 난다면, 우리의 후각은 '저희 업소는 청결을 중시하지 않는 곳입니다'라는 의미로 받아들인다. 이런 것을 생각해본다면, 평소 생활에서 우리는 아무 말을 하거나 듣지 않아도, 엄청나게 많은 정보를 얻고 있는 것이다. 말을 제외한 비언어적 소통은 오감을 통한 것이 모두 가능하겠지만, 대부분은 시각과 청각적 채널이 사용된다. 말에 음성의 크기, 높낮이, 빠르기 등 언어 이상의 청각 정보가 포함되어 있지만 표정, 눈빛, 몸짓, 또 대화하는 사람들 사이에서 유지하는 거리 등이 많은 정보를 전달하고 있다. 즉, 말은 전하려는 청각적 정보 내용뿐 아니라, 그에 덧붙여진 수많은 정보를 시각으로, 청각으로 전달한다.

상대방이 이야기를 잘 못 알아들어 같은 이야기를 반복해야 할 때, 우리는 보통 목소리 톤이 올라가고 말소리는 커지며, 말의 속도가 빨라진다. 똑같은 이야기를 처음 할 때와 다시 말할 때는 다른 의미가 첨가된다. '이미 말했는데 왜 못 이해하느냐, 되풀이해서 이야기하려니 무척 짜증이 난다'라는 정서가 첨가되는 것이다.

'내가 하고 있는 이야기에 토를 달지 말라'는 의미를 전달하고 싶을 때, 우리는 상대방이 끼어들 틈을 주지 않고, 아주 빠른 속도로 이야기를 다다닥 해버린다. 화가 났을 때는, 목소리 톤이 아주 높아지거나 아주 낮아진다. 목소리 톤이 높아지는 것은 '마음에 들지 않는다! 내 이야기를 들어라!'는 메시지를 전달하고 싶은 것이고, 낮아지는 것은 '나는 지금 화를 꾹꾹 눌러 참으려는 노력중이다'라는 메시지 전달일 것이다.

사랑하는 사람에게 말을 할 때에는, 애교 섞인 말투, 즉 약간 콧소리가 섞이고, 어리광스러운 말투가 된다. 사랑하는 사람과 사적인 대화를 나눌 때 상사에게 이야기하듯 사무적인 어조로 말하는 사람은 없을 것이다. 하지만 갈등을 가진 부부의 대화는 또 달라진다. 지시적이고 명령조로 대화하는 남편, 한 소리 또 하고 말 바꾸어 또 하는 아내의 대화는 부부 간의 갈등을 보여준다. 신경질적인 엄마의 말투와 짜증스런 자녀들의 대답, 일방향 대화 방식 역시 그 가정에 진정한 대화란 없으며, 온 가족이 갈등 상황에 놓여 있다는 것이 대화를 통해 드러나는 것이다.

또 서로간의 관계에 따라서도 대화 방식이 매우 달라진다. 가족 간의 관계인가, 직장이나 사회에서의 관계인가, 평등한 관계인가 상하관계인가, 즉 관계의 형태에 따라서 말투가 다르게 된다는 것을 단적으로 알 수 있다. 사람들이 이야기를 할 때 옆에서 관찰해 보면, 그 사람들이 하는 말의 내용을 모르더라도 대화하는 사람들의 관계나 서로에게 가지고 있는 감정, 생각을 짐작할 수 있다. 내용 외에도 말에는 특유의 어조, 억양, 음성의 질, 소리의 크기, 높낮이, 빠르기, 속도, 머뭇거림이나 침묵, 침묵의 양과 길이 등이 존재하고 있고 덧붙여 많은 신체 언어가 함께 존재하고 있다.

침묵도 언어라는 이야기를 한번 생각해보자. 상사는 화가 나서 왜 일을 이렇게 처리했느냐고 큰소리로 묻는데, 듣고 있는 부하 직원은 고개를 숙인 채 묵묵부답이다. 상사는 답답해서 "도대체 어떻게 된 건지 말을 하라니까!"라며, 목소리 톤을 높이게 되지만 부하 직원의 고개는 오히려 점점 더 떨어져만 갈뿐, 꽉 다문 입은 절대 열릴 생각을 하지 않는다. 이 부하직원의 침묵은 어떤 대화일까? '뭐라 대답해야 할지 막막하다' '억울한데 말을 할 수는 없다' '나도 화가 난다'는 표현일 수도 있고, '상사의 호통에 주눅이 들어 말이 안 나온다'는 표현일 수도 있다. 혹은 자신의 이야기는 들어주지도 않고, 몰아치며 비난만 하는 상사에 대한 반항의 표현일 수도 있다. 이와 같이 침묵은 바로 말이고 행동이다. 청각 정보가 결여되어 있는 것 자체가 청각적이며, 침묵과 함께 보여주는 표정과 자세가 시각적 통로로 자신이 하고픈 이야기를 전하고 있는 것이다. 어디 그뿐인가? 청각적 정보 외에도, 그 말을 하게 된 전후좌우 상황 즉, 맥락도 말 그 자체가 가진 내용 이상을 포함한다.

이와 같이 언어만으로는 전달할 수 없는 메시지가 비언어적 수단으로 전달된다. 우리가 하고 있는 비언어적 행동을 대충 살펴보면, 순간순간 변화하는 얼굴 표정과 손짓, 발짓 등의 제스처, 상대를 바라보는 눈빛, 고개를 끄덕거리거나 고개를 가로 젓는 고갯짓, 팔짱을 끼거나 다리를 꼬는 몸짓, 뒤로 쭉 빼 앉거나 다가가는 자세 등 일일이 나열할 수 없을 정도로 많은 비언어 행동이 있다. 연구 결과에 의하면, 면대면 상황에서 음성이 38%, 표정이 55% 정도의 정보를 전달한다고 한다(Mehrabian, 1972; 배도희, 조아라, 이지연, 2004에서 재인용).

그 중 많은 정보를 전하고 있는 것이 얼굴 표정이다. 우리 신체 중 얼굴은 특히 미묘한 정서를 전달하는 중요한 통로이다. 놀람, 두려움, 혐오, 분노, 행복, 슬픔과 같은 정서가 표정을 통해 얼굴에 드러난다. 우리는 다양한 표정으로 많은 것을 전달한다. 미소, 찌푸린 눈살, 찡그린 이마, 일그러져 옆으로 삐져나간 입술, 꽉 다문 어금니 등 표정을 통해 호감, 사랑, 만족, 기쁨, 불쾌감이나 분노가 표현된다.

출처: http://www.tvreport.co.kr/?c=news&m=newsview&idx=62256[1]

얼굴의 여러 부위 중에서도, 시선과 관련한 연구들은 특히 많다. 온화하거나 적의에 찬 눈빛, 시선 접촉이나 시선 회피 등 얼굴 표

1) TV리포트 '요일별 직장인 표정' 패러디물 화제 '완전 공감' / 2010.09.02

정에서 눈빛이 차지하고 있는 비중은 크다. 까페에 앉아있는 남녀가 눈을 맞추고 이야기하면 새로운 연인, 각자 스마트폰에 열중해 있으면 오래된 연인, 각자 딴 곳을 쳐다보며 걸어가면 부부, 마주보며 자주 대화를 하면 불륜이라는 우스갯소리가 있다. 눈과 관련하여 가장 많이 연구되고 있는 주제는 사람들이 서로를 언제 응시하며 어떻게 눈 맞춤을 하는가이다. 가까운 관계에서 빈번한 눈 맞춤을 하면, 상황이 한층 더 즐거워지고 호감이 증대된다고 한다 (Ellsworth & Carlsmith, 1968). 루빈_Rubin(1970, 1973)의 연구에 의하면 친구 사이인 남녀와 연인 관계인 남녀를 비교 했을 때, 연인 관계에 있는 남녀의 눈 맞춤 빈도가 더 잦다고 한다.

상대를 어떻게 응시하는가는 상대적 지위와도 중요한 관계가 있다. 지위가 높은 사람은 별 생각 없이도 지위가 낮은 사람을 똑바로 응시하지만, 부하직원이 상사를 똑바로 쳐다보면, '아니, 그 녀석이 건방지게 턱을 딱 쳐들고, 눈 똑바로 치켜뜨고 나를 노려보더라니까!'와 같은 피드백을 들을 수도 있다. 눈치를 많이 본다는 이야기를 많이 듣는 사람들 중에 억울하다고 호소하는 사람들이 있다. 남의 이야기를 경청하며 잘 듣고 생각하며 있는데, 왜 그런 소리를 듣는지 모르겠다고 억울해한다. 그렇다면 자신의 비언어적 행동을 한번 생각해보라. 상대를 정면으로 쳐다보면서 눈을 맞추고 있는지, 눈동자가 자주 움직이며 상대방의 표정을 재빨리 살피고 있는지 자신의 비언어 행동을 살펴볼 필요가 있다.

영화 원초적 본능_Basic Instinct에서 살인 사건이 일어난 후, 취조를 받으러 나타난 여주인공 샤론스톤의 자세를 떠올려 보자. 마치 앞에 앉아있는 형사에게 자신이 속옷을 입었는지 안 입었는지를 알려주고 싶은 것 같이, 짧은 미니스커트를 입고 다리를 한껏 꼬았다가 풀었다가 하는 모습을 보인다. 살인 용의자였던 그녀가 이러한 포즈로 전달하고자 한 이야기는 무엇이었을까? '형사님. 이런 모습을 보면서 객관적이고 이성적인 시각으로 날 취조할 수 있는지, 이성이 마비되지 않을 수 있는지, 어디 능력을 발휘해 보세요' 이런 뜻이었을까? '나 같이 섹시하고 매력적인 여성이, 그렇게 끔찍한 범죄를 저질렀다고 생각할 수 있으시겠어요?' 이런 뜻이었을까? 우리가 여기서 생각해보면 좋을 것은, 특별히 말을 통하지 않더라도, 자세만으로 전달하는 메시지가 얼마나 강력하고 풍부한가의 이슈이다. 클라인케_Kleinke(1975)는 꼬고 있던 다리를 풀거나 몸을 상대 쪽으로 기울이는 것, 전반적으로 이완되어 보이는 자세는 상대방을 좋아하거나 매력을 느끼고 있음을 나타내며, 머리를 끄덕이거나 몸을 상대방 쪽으로 향하는 것, 빈번한 몸짓과 자세 바꾸기는 상대방과 친해지려 하거나 관심을 가질 때 흔히 나타낸다는 것을 발견하였다. 이러한 연구들은 우리가 의식하지 못한 상태에서도, 수많은 정보를 비언어적인 방식으로 전달하고 있음을 알려주고 있다.

두 사람이 걸어가는 뒷모습만 보아도, 카페에 앉아 있는 모습만 보아도, 그들이 유지하고 있는 거리만 보아도 우리는 대충 그들이 어떤 관계인지 짐작할 수 있다. 상대방과 유지하는 물리적 거리나 신체 접촉의 정도나 방법도 많은 정보를 전달해주기 때문이다.

에드워드 홀_Edward Hall(2002)은 사람간의 거리가 관계와 밀접한 관련성이 있다고 주장하면서 다양한 거리 개념을 정립하였다. 공적인 공간_public space은 연설이나 강연을 할 때 유지되는 거리이다. 이러한 관계는 약 370cm 가량 떨어져 있는 것이 보편적임을 관찰하였다. 새로 사귄 친구나 사무적인 동료 관계, 비즈니스 초반에 정중한 격식과 매너가 요구되는 관계에서는 일정한 사회적 공간_social space이 필요하다. 이러한 공간이 필요한 관계는 형식적인 업무나 사교적 관계, 오래된 부부가 필요로 하는 공간으로서 약

210~370cm의 거리가 유지된다. 그리고 함께 일하는 동료나 일상적인 개인적 모임에 참석한 사람들의 사회적 공간은 120~210cm 정도의 거리가 유지되는 것으로 나타났다. 친구나 친척, 지인 등 상당히 가까운 관계에서 갖는 개인적인 공간_personal space은 관계의 질에 따라 좀 달라진다. 개인적인 관심이 있는 상대와 유지하는 거리는 76~120cm 정도이다. 그런데 배우자나 애인이 아닌 이성이 45~76cm의 사적인 거리 안에 있을 경우 부적절한 관계일 가능성이 있는 것으로 관찰되었다. 매우 친밀한 관계에서 유지하고 있는 친밀한 공간_intimate space에서 연인, 가족, 가까운 친구가 유지하는 거리는 15~45cm 정도인데, 이는 상대의 손이나 발이 닿을 수 있고 숨결이나 냄새를 느낄 수 있는 정도의 간격이다. 특히 열애중인 연인들은 피부로 접촉하고 안을 수 있는 15cm 정도의 거리를 유지하고 있었다. 이처럼 우리는 상대방과의 사이에서 유지하는 거리를 통해서도, 의식하고 있지 않지만, 늘 많은 정보를 주고받고 있다.

감정의 인식과 표현

대화를 할 때 우리는 드러나는 메시지와 그 이면에 감춰진, 혹은 내포된 메시지가 동시에 들어있는 경우를 많이 경험한다. 감춰진 메시지에는 소망, 은근히 드러나는 의견, 기본적으로 말하는 사람이 가지고 있는 가치 등 여러 가지가 담겨 있겠으나 가장 흔히 내포된 것은 감정일 것이다. 사람이 살아가면서 매 상황, 매 대화에 감정이 일어나는 것은 일상생활에 있어서 자연스러운 것이다. 인지치료 이론가들은 상황에서 느끼는 감정이나 행동은 그 상황을 해석하는 방식에서 기인한 결과라고 주장한다. 상황에 대한 해석은 살아오는 동안 경험하며 생겨난 사람마다 독특한 자신이나 세상을 바라보는 방식에 의해 영향을 받게 되는데 이러한 개인 특유의 상황을 받아들이는 방식을 인지 도식[2]이라 하였다. 인지 왜곡으로 인해 상황을 왜곡 해석한 결과이든, 불합리하든 합리적이든, 좋든 나쁘든 간에, 감정이라는 녀석은 나도 모르는 사이에, 어느새 슬며시 일어나 있다. 사랑하고 기쁘고 행복한 긍정적인 감정도 저절로 일어나지만, 화가 나고, 싫고, 밉고, 없으면 좋을 부정적인 감정들도 누구에게나 저절로 일어난다. 사실 상황에 대한 즉각적 해석으로 인한 것이라 하더라도 감정은 자연스레 일어나는 것이기에 좋고 나쁜 것으로 판단하기 어려운 가치중립적인 것이지만 우리는 일상 생활에서 좋다 나쁘다로 이미 구분하고 있다. 그러나 감정은 의도적으로 없애거나 조절하기가 어렵다. 물론 불합리한 감정이 상황에 적절하지 않게 자주 일어나고, 그 강도가 지나치다면 자신을 진지하게 돌아볼 필요가 있다. 인지치료 이론가들의 설명처럼, 상황에 대한 인지 왜곡으로 인한 것이 아닌지 인지적 해석과 정서, 행동 간의 관계를 탐색하고, 자신의 왜곡된 도식에 변화를 가져와야만, 불합리한 감정이 과도하게 일어나는 것을 방지할 수 있다.

그런데 감정이 일어났다 하더라도, 자신이 늘 그 감정을 인식할 수 있는 것은 아니다. 더구나 우리는 어릴 때부터 학교에서, 가정에서 감정을 억압하라는 교육을 받아왔다.

'화내면 나쁜 것이다.'

'사람을 미워하면 벌 받는다'.

'좋고 싫은 감정이 드러내는 남자는 진중하지 못하다.'

그러니 화가 나도 안 되고 화를 내도 안 된다. 감정은 자연스레

---

2) 하나의 잘못된 생각은 인지왜곡이라고 한다. 그런데 이런 잘못된 생각들은, 한번만 나타나는 것이 아니라 그 사람에게서 계속해서 나타날 수도 있다. 이렇게 유사한 상황에서 반복적으로 나타나는 패턴을 밟는 것을, 인지적 도식(cognitive schema)이라고 한다.

일어나는데 일어나면 안 된다는 것이다. 필자는 감정이란 가치중립적인 것이라고 하였지만 사회에서는 이미 감정에 가치를 부여하고 있는 것이다. 미운데 미워해서는 안 된다. 화내면 나쁘다는 것은 화가 나는 것(감정 발생)이 나쁘다는 것인가, 화를 내는 것(감정 표현)이 나쁘다는 것인가? 미워하면 벌 받는다는 것은 미운 감정이 생기면(감정 발생) 벌 받는 것인가, 미워하는 모습(감정 표현)을 보이면 벌 받는 것인가? 이와 같은 상황에서 우리가 할 수 있는 것은 어떤 것이 있을까. 부정적인 감정이 발생하지 않으면 좋겠으나 이미 감정이 발생하였을 때, 우리가 할 수 있는 것은 감정을 표현하지 않거나, 감정을 인식하지 않음으로써 감정이 없는 척 부정하는 것, 즉 감정이 발생하지 않은 것으로 만드는 것–감정 인식을 하지 않는 방법을 채택할 수밖에 없다.

좌절을 오래도록 경험하면서 살아오면 소망도, 감정도 억제하는 것이 생활화 된다. 그렇게 되면 감정이나 소망은 인식되기가 어렵다. 있어도 없는 것으로 부정하는 것이 이미 생활화 되어 있기 때문이다. 흔히 볼 수 있는 예로, 잔뜩 화가 난 표정과 목소리로 합리적인 척 이야기하는 사람에게 "화가 좀 난 모양이에요" 하면 그 사람은 "나 화나서 이러는 거 아니에요!!!"라고 한다. 사실 이 사람이 화가 난 것을 누구나 다 알지만, 정작 본인은 화나지 않았다고 생각한다. 자신이 화가 난 것을 모르는 것이다. 즉, 감정이 있는 것과 감정이 인식되는 것, 감정을 적절히 표현하는 것이 늘 함께 가지는 않는다는 뜻이다. 감정의 발생과 인식, 표현이 항상 일치되게 가는 것이 아니기 때문에 사람들 사이에 대화는 더 복잡 미묘해진다.

사실 대화를 잘 하기 위해서 기본적으로 전제가 되어야 하는 것은, 본인이 전달하고자 하는 바가 무엇인지를 스스로 잘 아는 것이다. 그런데 앞에서 보았듯이 우리가 대화할 때 말로 표현된 내용만

이 전달되는 것이 아니다. 의도하지는 않았지만 대화할 때의 내 생각과 감정이, 나도 모르게 함께 전달되어 버리는 것이다. 감정이 일어났을 때, 우리의 감정은 인식되지 않은 채 있는 그대로 표현되기도 하고, 간접적으로 표현되기도 한다. 너무 화가 났을 때, 우리는 허리에 손을 올리고 삿대질을 하면서 목소리를 높이기도 하지만, 상대방을 바로 쳐다볼 수가 없어 눈길을 돌리면서 부들부들 떨리는 손을 부여잡는 것 또한, 온몸으로 분노를 표현하고 있는 것이다. 이럴 때 그 사람에게 기분을 물어보면, 자신이 그렇게 화가 나 있고 그 감정을 표현하고 있는 줄도 모르는 경우가 많다.

사람들에게 오해받지 않고 대화를 잘하려면 자신의 신체적/심리적 상태에 대한 인식이 우선되어야 표현하고자 하는 바가 원하는 대로 잘 전달되게 된다. 심리학자들은 이러한 자신에 대한 인식을 '정서의 인식', '자신에 대한 알아차림', '태도의 인식', '욕구의 인식' 등 다양한 용어로 표현하고 있다. 자신이 어떤 정서나 감정을 느끼는지를 인식하는 능력, 어떤 정서가 일어났을 때 그로 인해 일어나는 신체 감각을 구별하는 능력, 자신의 느낌을 다른 사람에게 잘 설명하는 정서 표현력이 대화에 필요한 능력 안에 포함될 수 있을 것이다. 그래서 정서를 인식하고 표현하는 능력을 정서지능의 관점에서 본 연구자들은, 자신의 정서를 정확히 알고 표현하는 것이 개인이 적응적으로 기능하는데 중요한 역할을 한다고 주장한다(Salovey & Mayer, 1990).

다른 연구 결과들을 보면, 정서를 명확하게 인식하는 것이 부정적인 기분을 덜 느끼는데 도움이 되고, 부정적인 기분에서의 회복도 빠르게 한다고 한다(Ciarrochi, Chan. & Bajgal, 2000: Goldman, Craemer & Salovey, 1996). 또한 정서를 더 명확히 인식할 수 있는 사람들이 사회로부터 더 적극적으로 지지를 구할 수 있다고 한다.

이 결과는 자신의 정서를 잘 인식하면, 그 정서적 상태에 대한 해결이 필요할 때 사회적 지지를 구할 수 있는 바탕이 되어준다는 것을 시사한다.

또 다른 연구 결과를 보면, 정서를 명확히 인식하는 사람들이 자존감도 더 높은 것으로 나타났다. 자신이 어떤 정서 상태에 놓이더라도 자존감이 높으면, 자신의 정서를 억압하거나 부정하기보다는, 자신의 정서가 무엇인지를 명확히 인식하는 데에 자신감이 있기 때문일 것이다. 또 자기의 정서 상태를 명확히 아는 사람들이 사회적 불안이나 신경증 증상 같은 부적응적 증상이 덜하고, 보편적인 삶의 만족도를 더 크게 표현하는 경향이 있다고 한다(Swinkels & Guiliano, 1995).

따라서 대화에 있어서 자신의 정서나 태도, 욕구를 인식하고 알아차린다는 것은 대단히 중요한 기본적 요인이다. 물론 여기에서는 자신뿐 아니라 타인의 정서나 태도 욕구를 인식하는 능력도 놓쳐서는 안 될 부분이다. 즉 대화를 할 때에는 우선 자신이 전달하고자 하는 바, 자신의 상태와 타인의 상태, 서로간의 관계에 대한 인식이 우선돼야 표현 방식이 결정될 수 있다.

그런데 감정의 표현은 감정의 발생이나 감정 인식과는 또 다른 차원의 문제이다. 감정의 표현 방식은 너무도 다양해서, 어떻게 적절히 표현할 것인가는 또 다른 차원의 문제이다. 감정이 인식된다고 해서, 그 감정을 아무 때나 표현할 수 있는 것도 아니다. 화가 났고 자신이 화가 난다는 것을 알겠는데, 화를 내서는 안 될 때가 얼마나 많은가. 그런가 하면, 화를 참았고 화를 안 냈다고 생각하는데 나도 모르게 화가 표현되어, 남이 그 화를 알아채 버리는 경우도 많이 있다.

그래서 우리는 진정한 기분을 실제와 전혀 다르게 표현하기도 하고, 진심을 속이거나 감추면서 표현하지 않기도 하며, 때로는 다른 정서로 가장하여 표현하기도 한다. 진심을 속이거나 감출 때, 그것을 자신이 인식하고 할 때도 있지만 감정 억압이 너무도 오랜 세월 동안 생활화되어 무의식적으로 가장이 일어나 버림으로써 자신도 의식하지 못하는 경우도 많이 있다. 의식을 하든 못하든 중요한 것은, 말로 표현되는 감정과 실제 정서가 모순된다는 것이다.

융단폭격으로 쏟아지는 상사의 지시가 영 못마땅한데, 표정관리는 해야 하겠어서 혀를 깨물며 꾹 참는 이대리. 그런데 상사는 "이대리, 얼굴이 왜 그래? 뭐 불만 있으면 말해!"라고 핀잔을 준다. "아, 아닙니다"라는 대답을 할 때, 이대리는 어떤 표정과 자세를 하고 있을지 상상해보자. 딱딱하게 뒷짐을 진 자세를 하며, 고개는 살짝 숙인 채 외로 꼬고 있을 것이고, 눈은 상사를 쳐다보지 않은 상태로, 표정은 굳어 있을 것이다. 감정이 억제된 지극히 사무적인 말투도 무의식적으로 부정적인 자신의 속마음, 감정을 감추고자 하는 시도가 된다. 앞서 말했듯이 말도 표현이고, 침묵도 표현이며, 표정도 표현이다. 이대리와 같이 우리는 평소 생활에서 최대한 자신의 감정을 감추고 조절하려 애쓰지만, 솔직히 의식도 안 될뿐더러 의식해봐야 조절도 잘 안 되는 억양이나 음색, 표정 등을 통해 감정은 표현되어 버리고, 상대방은 이러한 정보를 간파함으로써 그가 표정 관리를 하려 애쓴다는 사실을 알아채기도 한다(Elkman, & Friesen, 1975).

입장을 바꾸어보자. 내가 중요한 이야기를 하느라 열변을 토하고 있는데, 상대방이 나와 눈 맞춤을 하지 않고, 팔짱을 낀 채로 비스듬히 의자에 기대어 앉아, 발끝을 까딱까딱 흔들며 박자 맞춰 고개를 끄덕이는, 영혼 없는 리액션을 보이고 있다면, 그의 몸짓을 어떻게 받아들일 것인가? '네 말이 틀렸지만 내가 들어주고 있는 것이니, 어서 하고 싶은 말 다 하고 끝내라'일까? '그래~ 계속 떠들어라, 나는 다른 생각을 하고 있을 테니. 그 얘기는 집중해서 들을 가치도 없다'일까? 상대방의 몸짓을 보고 기분이 나빠서 '지금 내 말을 듣고 있어?'라고 물어보면, 상대방은 '그럼, 잘 듣고 있어요' '좋은 의견이라고 생각해요'라고 대답한다. 그럼 왜 말하고 있는 나는 기분이 상하는 것일까? 앞서 설명한 바처럼 대화는 언어로만 하는 것이 아니기 때문일 것이다. 이런 경우 언어로 표현되는 내용과 몸으로 보여주어 표현하는 내용이 다르다. 어쩌면 언어로 표현된 말과 몸으로 표현되는 말이 일치하지 않는다는 것을, 당사자가 인식하지 못할 때 가장 큰 문제가 될 수 있을 것이다.

우리는 남의 몸짓에서 나타나는 정보는 민감하게 받아 보면서도, 대화할 때 자신이 어떤 행동을 하고 있는지, 자신이 보이는 자세나 표정은 남들에게 어떻게 인식될지 생각해보지 않는 경우가 많다. 상대방의 자세나 몸짓은 내가 눈으로 관찰을 해서 나의 시각 정보로 입력이 되지만, 내 행동은 스스로 관찰할 수가 없다. 상대만이 나를 관찰하고 정보를 수집할 뿐이다. 그러니 내 의도와 상대방이 받아들이는 것이 다르고, 좋은 의도를 가지고 메시지를 전달한 나로서는 상대의 오해가 억울할 따름이다. 오해받는 것이 억울하긴 한데 상대방이 왜 오해하는지도 모르겠고, 그가 잘못한 것인지, 내가 잘못한 것인지가 파악이 안 된다. 사실 여기서 누구의 문제이냐, 누구의 잘못이냐를 따지는 것은 무의미하다고 생각된다. 내가 가진 특성에서 비롯된 오랜 습관이 드러나는 것일 수도 있고, 상대방의 인지 방식, 즉 어떤 행동이든 자기 식으로 왜곡해서 받아들이는 특성에서 온 것일 수도 있기 때문이다. 하지만 우리가 기억해야 할 것은, 내가 내 뜻을 있는 그대로 전달하지 못하고 나의 의견이 왜곡되게 받아들여지고 있다는 사실이다.

어쨌든 우리에게 감정이 존재하는 것은 사실이며, 자신의 감정이나 상태가 인식될 때 훨씬 표현 방식을 선택하기가 쉬워지고, 또 표현의 수위를 조절하는 것도 가능해진다. 표현을 못하는 것과 스스로 안하기로 결정하여 하지 않는 것은, 똑같이 표현을 하지 않는 것이라 하더라도 결과에 차이가 있다. 표현을 하고 싶은데 하지 못하면 계속 감정이 남아있게 되고, 특별한 이슈가 없이도 괜히 상대방이 미워질 수도 있어서, 최대한 얼굴을 보지 않기 위해 그 사람을 피해 다니게 된다. 어떤 사람은 보기 싫은 상대방을 안보기 위해 다니던 자기가 좋아하는 회사를 그만둬 버리는 극단적 결정을 한다. 그러나 자신과 타인의 감정이나 상태에 대한 인식을 하고 표현을 안 하기로 결정했을 때에는, 그런 완결되지 않은 과제들이 남아 있지 않기 때문에 자신이 받는 스트레스가 훨씬 감소하게 된다. 그리고 불필요한 곳으로 불똥이 튀어 전혀 본질과 관계없는 엉뚱한 일을 저지르지 않을 수 있다. 적절히 표현 못할 때 하게 되는 소극적 행동, 즉 회피라든가 상대에 대한 공격적 행동을 하지 않을 수 있다.

어떠한 방식으로 소통이 이루어지더라도, 결국 의사소통의 핵심은 전달하고자 하는 바가 적절한 방식으로 상대에게 정확히 전달되는 것일 것이다. 수많은 갈등 상황에서는 서로가 같은 이야기를 하는 것처럼 생각하지만, 실은 다른 두 가지 모순된 메시지를 전달하는 모습이 나타나기 때문이다. 그래서 상대방이 쉽게 이해하고 수용할 수 있는 효과적인 의사소통이란 결코 쉬운 것이 아니다. '자신이 전달한 이야기 따로, 상대가 들은 이야기 따로'인 경우가 얼마나 많은가. 우리가 오해를 덜 받을 수 있는 방법은 최대한 자신의 행동을 많이 인식하고, 적절한 언어로 잘 표현하도록 배우고 연습하고 노력하는 것이다. 언어적인 말 이외의 비언어적 행동에 대해서 지식을 갖추어 남에게 관찰되는 자신의 행동을 스스로 분석하고 수

정해 나간다면, 더 편안한 대화를 할 수 있게 될 것이다.

의도하지 않게 일어나는 감정을 만나게 되는 경우, 대화로 해결할 수 있는 것이면 해결하고, 대화로 해결할 수 없는 것이면 수용하려는 태도가 필요하다. 이러한 작업에 도움이 되는 것이 4장의 '건강한 의사소통을 위한 효과적인 Tip'에서 살펴볼 '수용전념치료'의 이론이다. 또한 감정이 일어날 필요가 없는 사안에 대해서도 스스로 인지적 왜곡을 하기 때문에 불필요하게 부정적인 감정이 자꾸 일어난다면, 자신의 인지와 감정, 행동의 관계를 살펴봄으로써 개인적 문제를 해결하고, 왜곡된 생각에서 기인하는 부적절한 감정과 행동을 수정할 필요가 있다(인지 행동 치료이론/ 합리적-정서적 치료 이론 참조). 그리고 '자기주장훈련'을 통해 다른 사람들에게 가장 적절한 방식으로 자신이 전달하고자 하는 바를 표현하는 방법을 배워나간다면 오해받지 않고, 오해하지 않으며, 세상을 편안하고 행복하게 사람들과 더불어 살아가는 방법을 터득하게 될 것이다.

지금까지 의사소통에 대한 기본적인 사항들을 검토해보았으므로, 다음 부분에서는 서로 '저 인간들은 도대체 어느 혹성에서 온 거야?'라고 노려보고 있는, 기성세대와 신세대가 가지고 있는 차이점에 대해 알아보고, 부정적인 오해를 풀기 위한 작업의 기초자료로 활용해보도록 하겠다.

2. 세대간 차이점에 대해 알아보자

의사소통을 하는데 있어서 우리가 받고 있는 오해를 푸는 작업을 하기 이전에, 한가지 짚어보고 넘어갈 사항이 '세대간의 차이'에 대한 문제이다. "아휴우~ 팀장님은 도대체 왜 저러시는지 모르겠어!"

라는 말을 안 하고 "아니, 박대리 저 자식은 도대체 무슨 생각을 하고 사는거야?"라는 말을 안 들으려면, 서로가 정말 어느 혹성에서 온 것인지, 어떤 차이점을 가지고 있는지를 파악하는 것이 필요하다. 누구 한쪽이 잘못을 하거나 틀린 것이 아니라, '서로 다른 것뿐'임을 이해하고 인정할 때에야 비로소 해결책을 찾는 작업이 가능할 테니 말이다.

요새 서점에서 책을 보거나 신문기사를 읽어 보면 젊은 세대에 대해 이러쿵 저러쿵 하며 부정적인 시각으로 보는 이야기가 많이 나온다. 이런 이야기를 들으면 "왜 우리를 그렇게 보따리로 싸서, '아무짝에도 쓸모없는 것들'이라는 도매금으로 넘기려고 하지?"라는 생각이 들면서 짜증이 나는 게 사실이다. 무조건 우리보고 버릇 없다, 위아래도 모른다, 자기 자신만 안다 이렇게 여기저기서 비난이 쏟아지고 있는 판이니 말이다. 아니, 그러면 기성세대는 모두가 버릇이 있고, 위아래를 잘 알고, 모든 사람을 이해하고 희생봉사 하는 사람이란 말인가? 말이 안 되지 않냐 말이지.

하지만 이렇게 한번 생각해보자. 다른 사람들이 우리를 어떤 시각으로 보고 있는지를 알기 위해 애쓰는 사람과, '누가 나에 대해 무슨 생각을 하든지 상관없어. 나는 내 마음대로, 내가 옳다고 생각하는 대로 살거야!'라고 외치는 사람 중에서, 어떤 사람이 본인이 원하는 바를 좀 더 효과적으로 이룰 수 있을지 말이다. 필자들이 이 책을 기획했던 것도, 우리 젊은 세대들이 기성세대들에게서 받고 있는 수많은 오해들이 하루빨리 풀려서, 서로가 상대방에게 가장 잘 받아들여질 수 있는 방법으로 효과적인 의사소통을 할 수 있었으면 좋겠다는 기대에서 출발한 일이었다.

자, 그러면 세대 연구자들이 우리에 대해 어떤 연구자료들을 내놓았는지를 한번 살펴보자. 그러고 나서, 다음 장에서는 서로의 차이를 이해하고, 오해를 풀며, 더 바람직한 방향으로 나아갈 수 있는 방법을 찾아보도록 하겠다.

세대별 정의

예전에는 기성세대와 신세대, 이 정도로 이분화 되었던 것이 보통이었지만, 이제는 4가지의 세대가 한 조직에서 같이 근무하고 있는 상황이다. 각 세대별 정의를 한번 살펴보자.

- **475세대('50-'59년 출생 / 고위 경영진)** 2000년 기준으로 40대의 나이, 70년대에 대학을 다녔고, 50년대에 태어난 세대. 강한 책임감과 성실성, 희생정신을 가진 세대이다. 위계질서에 익숙하며, 나라에 대한 애국심이 강하다. 빠른 경제성장을 일군 자수성가형 관리자의 모습을 띈다.
- **386세대('60-'69년 출생 / 중상위 관리자)** 2000년 기준으로 30대의 나이, 80년대에 대학을 다녔고, 60년대에 태어난 세대. 기술을 중시하는 실용주의자 세대이다. 전통적 가치관에 공감을 하지만, 사회의 민주화를 주도했던 과거가 있다. 신세대 인력과의 가치관 차이로 갈등을 빚는 세대이다.
- **X세대('70-'79년 출생 / 중하위 관리자)** IT 진보의 혜택을 본격적으로 접한 세대이다. 사회/문화적 변화의 한 가운데 있던 인물들이라고 할 수 있다. 신세대라는 호칭을 처음 얻었지만, 현재는 조직의 한가운데 허리를 담당하고 있다.
- **Y세대('80년 이후 출생 / 사원 & 대리급)** 자기 주장과 자유로운 의사 표현, 그리고 각종 인터넷 커뮤니케이션에 능통한 세대이다. 글로벌 경험과 어학 능력 등 뛰어난 자질을 보유했다고 알려졌다. 바로 이 책의 주인공들이 되겠다.

Y세대 명칭의 유래

그러면 Y세대라는 세대명칭의 유래를 한번 살펴보자. Y세대는 X세대의 다음 세대라는 의미로 미국에서 처음 등장했다. X세대는 1970년대에 태어난 세대로, 기성세대와는 다른 '신세대'로 사회적 관심사가 되었던 세대이다. 대개 맞벌이 부부 사이에서 키워졌고, 50% 정도가 이혼 또는 별거한 부모와 함께 자라나, 가정에 대한 동경과 반발심리를 동시에 가지고 있는 세대를 가리킨다. 또한 기성세대와는 달리 성(性)에 대해서도 차별적 가치관을 두지 않고, 사회 공통의 문제보다는 개인적으로 어떻게 살아가는가의 방법에 더 큰 의미를 두는 세대라고도 설명하였다. 이들에 대해 사회는 기성세대가 이해하기 어려운 세대라고 하여 X세대라고 명명하였으며, 1991년 발간된 캐나다 작가 더글라스 코플랜드의 'Generation X'라는 소설을 통해 그 명칭이 대중화되었다. Y세대는 1980년 이후에 태어난 세대로 1993년 미국의 'Ad Age'라는 잡지에 처음 등장하였으며, IT 기술에 익숙하고 부모의존적인 성향이 특징이라고 설명되었다.

국내의 경우, Y세대는 1980년 전후에 출생한 13–20세의 청소년층을 지칭하는 용어로 1990년대 말 언론에 등장했다. 자녀수가 1–2명인 소가족에서 경제적 뒷받침과 함께 자기중심적으로 자란 세대로, 컴퓨터 등 첨단기기와 서구적 대중문화에 익숙하다는 특징이 대두되었다. Y세대에 대해서는 '그 이전의 어떤 세대와도 전혀 다른 사회/문화적 배경에서 자라난 세대', '먹는 걱정을 하지 않아도 되는 역사상 최초의 세대'라고 설명되었다. Y세대는 다양한 이름으로 불리기도 한다. 넥스터(차기 주도자 / Nexters), 에코부머 세대(베이비붐세대의 자녀 / Echo Boomers), 인터넷 세대(Internet Generation), I 세대(I Generation), '왜요' 세대(Generation Why), 밀레니엄 세대

(Millennials). 이 책에서는 세대 연구자들이 가장 많이 사용하는 Y세대라는 이름을 대표적으로 사용하도록 하겠다.

Y세대의 특징

우리나라 Y세대 직장인의 특징에 대해서는 삼성경제연구소에서 나온 "BRAVO Generation"이 가장 많이 언급된다.[3] 정말 우리 젊은 세대들의 특성을 잘 정리해놓았는지, 나와 어떤 것은 비슷하고, 어떤 것은 다른지에 대해 한 가지씩 살펴보도록 하자.

• Broad Network: 다양한 인간관계와 관심사

Y세대는 폭 넓은 인적 네트워크를 형성하고 이를 통해 자신의 다양한 호기심을 충족시키는 특징을 보유하고 있다. 학창시절의 '스터디 그룹'과 '팀플', '인터넷 동호회' 등 만나고 흩어지는 일에 익숙하다. 인간적인 정보다는 자신의 관심사에 의해 네트워크를 구축하며, 관심사의 변화에 따라 네트워크도 지속적으로 변화한다. 좁고 깊은 인간관계보다는 넓고 얕은 인간관계에 익숙하다. 또한 취미 활동, 미래를 위한 학습, 최첨단 유행의 디지털 기기 구입 등 다양한 곳에 투자를 한다. 자신의 관심 분야에 대한 투자를 아끼지 않으며, 전문가 이상의 식견을 지닌 마니아가 많다는 것이 큰 특징이다. 폭 넓은 인간관계를 통해 업무에 필요한 정보와 아이디어를 쉽게 확보하며 다양한 견해와 시각에 익숙하다. 다채로운 외부 활동을 통해 기존의 획일적인 업무 방식과 고정된 시각에서 벗어나, 새로운 방식으로 업무를 생각해 볼 수 있는 역량을 습득하곤 한다.

---

3) "BRAVO Generation" 新세대 직장인을 말하다. 2009.10.21. 예지은, 진현, 정지은, 조현국. 삼성경제연구소.

• Reward-sensitive: 평가결과 및 보상에 민감

Y세대는 자신의 노력과 성과에 대한 합당한 보상을 요구한다. 무조건적인 헌신보다는 맡은 일에 충실하고, 나머지 시간은 자기개발에 투자하는 것이 합리적이라고 생각한다. 팀 공통업무를 하더라도 개인별 실적과 기여도에 따른 평가와 보상을 선호한다. IMF 경제위기로 인한 대규모 구조조정과 '평생고용' 개념의 붕괴를 목격하면서, 단기적이고 실제적인 보상을 추구하게 되었다. 또한, 자신의 발전에 도움이 되고, 적절한 보상이 있어야 업무에 몰입하는 편이다.

• Adaptable: 새로운 것에 대한 강한 적응력

Y세대는 학생 때부터 컴퓨터, 인터넷, 디지털 카메라 등 디지털 IT 기기를 일상의 생활도구로 사용해왔기 때문에, 새로운 IT 기술을 학습하고 응용하는 능력이 탁월하다. IT 활용 및 정보 검색 능력을 통해, 새로운 정보와 지식을 신속하게 습득하고 민감하게 반응한다. 업무를 수행할 때에도 인터넷 검색, 이메일, 메신저 등을 적극적으로 활용한다. 책보다는 인터넷 검색을 통해 정보를 파악하고, 전화보다는 메신저를 사용하여 업무를 협의하고 소통하는 것에 익숙하다. 우수한 어학 실력과 다양한 해외 경험을 바탕으로 외국생활에 대해 강한 자신감을 보유하고 있다. 이와 같은 IT/글로벌 역량을 바탕으로 변화를 즐기고 새로운 것에 빠르게 적응하는 것도 Y세대의 큰 특징이다.

• Voice: 감정과 생각을 솔직하게 표현

Y세대는 부모와의 친밀하고 평등한 관계 속에서 자신의 생각을 자유롭게 표현하며 성장해왔다. 그리고 인터넷 공간에서 자신의 의견을 적극적으로 표현하고, 다른 사람과 공유하며 피드백을 받는 것에 익숙하다. 이렇게 자신의 의견 표현에 익숙한 만큼, 자신이 하는 일에 대해서 상사도 지속적으로 확인과 코칭을 해줄 것으로 기

대한다. 작은 일에 대해서도 자주 칭찬과 격려를 받고 싶어 하고, 업무 결과에 대한 구체적인 피드백을 기대한다. 감정을 자극하는 강한 말이나 질책은 오히려 Y세대의 업무 몰입과 동기 부여의 저해 요인으로 작용할 수 있다. Y세대는 기존의 상명하달식 커뮤니케이션을 비효율적이라고 생각하며, 조직 내에서 사원/대리급의 발언 기회가 확대되고 상하간 의사소통이 활발한 문화를 기대한다.

• Oriented to myself: **회사보다 개인생활을 중시**

Y세대는 직장생활이 인생의 일부일 뿐이며, 조직을 위해 희생하기보다는 개인 시간을 갖고 삶을 풍요롭게 하는 것이 인생의 목적이라고 생각한다. 직업을 선택할 때, '일과 생활의 균형(WLB: Work-Life Balance)'을 중요한 기준으로 생각하지만, 실제 만족도는 저조한 편이다. '일을 위한 생활의 희생'이 직장생활의 주요 불만 요인으로 대두된다. Y세대는 사생활 노출에 익숙한 인터넷 세대이지만, 상사가 조직관리를 이유로 구체적인 개인생활을 알고자 하는 것은 부당하며 부담스럽다는 입장을 취한다. 특히 상사들이 지나치게 이성관계, 퇴근 후의 생활, 휴가에 대해 묻는 것은 곤란하다고 생각한다.

기성세대의 특징

그렇다면 위에서 이야기한 BRAVO 기준에 맞춰, 기성세대는 어떤 특징을 가지고 있는지 파악해보자.[4](여기에서의 기성세대는 475세대 / 386세대 / X세대를 모두 포함하는 것으로 정의한다.) 나를 명확하게 파악하는 것도 필요하지만, 나와 의사소통을 해야 하는 상대방에 대해 명확하게 이해하는 것도 나에게 큰 자원이 될 것이다. "우리 부장님이 무슨 생각을 하고 사는지 아냐구요? 그걸 내가 왜 알아야

---

4) "BRAVO Generation" 新세대 직장인을 말하다. 2009.10.21. 예지은, 진현, 정지은, 조현국. 삼성경제연구소.

하는데요? 알고 싶지도 않은데요?"라는 이야기를 하는 젊은 세대 구성원을 많이 만나게 된다. 하지만 '알고 싶지 않아!'라며 고개를 돌릴수록, 우리가 조직이나 상사들에게 원하는 것을 얻어내고, 조직생활을 통해 우리가 기대하는 삶을 만들어 가기란 점점 더 어렵게 됨을 기억할 필요가 있다.

• NO Broad Network: **인간관계와 관심사의 다양성이 떨어짐**

기성세대는 조직 위주의 삶을 살았던 세대이다. 회사가 곧 인생이었고, 동료가 곧 지인이었던 분들이다. 여름방학 시간표를 그리듯이 동그라미를 그린 후에 자신의 생활 분야를 표시해볼 것을 요청한다면, 대부분의 기성세대는 95% 정도를 선으로 표시한 후, '회사'라고 적는 경우가 많다. 나머지 5%가 가정, 친구, 친척, 동아리, 커뮤니티 등 모든 것을 포함하는 것이다. 그렇기 때문에 회사에서 받는 스트레스도 마땅히 풀 곳을 찾지 못해서 혼자 끌어안고 있는 경우가 많다. 그 스트레스 때문에 생기는 신체적인 질병들도 만만치 않은 편이다. 또한 기성세대는 업무를 위한 인맥 구축을 중시하기 때문에, 만나는 사람들이란 거의 다 조직의 업무를 하는데 도움이 되는 사람들이다. 물론 과중한 업무 부담 때문에 친구나 지인들과의 만남이 적은 이유도 있다. 그렇기 때문에 Y세대 부하직원들이 다양한 사람들을 만나고 의사소통하며, 취미활동을 하는데 시간과 에너지를 투자하는 것을 보면 어떤 면에서는 부럽기도 하고, 잘 이해가 안가기도 한다.

• NOT Reward-sensitive: **평가결과와 보상에 대한 민감도가 높지 않음**

기성세대는 조직을 생각할 때, '평생 직장'이라는 시각이 강하다. 그렇기 때문에 평가 결과에 대해서도 "열심히 하다 보면, 언젠가는 보상받겠지"라는 생각을 하는 경우가 많다. 승진 순서가 선배에 의해 막히는 일이 있더라도, 다음에는 좋은 결과가 돌아오리라는 생각에 참고 견디게 된다. 조직에 대한 충성도가 매우 크며, 부하직원들에 대해서도 자신만큼의 충성도를 기대하는 경우가 많다. 따라서 기성세대는 보상에 민감하게 반응하는 Y세대의 모습을 조직에 대한 충성심 부족으로 오해하는 경향이 있다. 또한 Y세대가 자신이 맡은 일 외에는 큰 관심을 두지 않고, 불필요한 시간과 노력을 희생하지 않으려는 모습을 보고 이기주의적이라고 생각하기도 한다.

• NOT Adaptable: 새로운 것에 대한 적응력이 낮음

기성세대는 안정성을 중시하는 세대이다. 익숙한 환경에서 안정적으로 정착하고 싶어 한다. 20대와 30대의 경우에는 좋은 직장의 조건으로 '자기발전기회'를 선택한 비율이 가장 높았지만, 40대와 50대의 경우에는 '고용 안정'을 선택한 비율이 가장 높다는 것을 보면 잘 나타난다. 예전에는 정보의 양이 직급과 연령에 비례했었고, 정보독점이 권위의 기반이 되었었지만, 이제는 Y세대가 IT 활용 및 정보 검색 능력을 통해 새로운 정보와 지식을 기성세대보다 신속하게 습득하고 민감하게 반응하고 있다. 또 Y세대는 이메일, 문자메시지, 메신저로 일하고 소통하는 것이 효율적이라고 생각하지만, 기성세대는 이러한 IT 프로그램을 사용하는 것은 '일에 집중하지 않는 산만한 모습'으로 생각하고 있기 때문에, '너는 회사에 놀러오는 거냐'라는 오해섞인 발언을 종종 하곤 한다.

• NO Voice: 감정과 생각을 적극적으로 표현하지 않음

기성세대는 위계를 중시하는 세대이다. 자신의 감정을 드러내지 않고 묵묵히 일하는 것이 최고의 미덕이라고 생각한다. 조직문화에 있어서도 대부분 상위 직급만 이야기하고, 아랫 사람이 자신과 다른 의견을 이야기하면, 감정적으로 대하는 경직된 회의 분위기에 익숙하다. 연령이 낮고 경험이 적은 사원/대리급의 의견은 무시하고 비판할 뿐, 실제 정책이나 사업에 반영하지 않는 문화에서 성장

한 세대이다. 따라서 할 말이 있으면 하라는 (다소 형식적인) 상사의 이야기에, 서슴지 않고 손을 들어서 자신의 의견을 말하는 Y세대의 모습을 낯설어한다. 어느 부분은 부러워하기도 하지만 젊었을 때의 자신이 상사에게 순종적인 모습을 보였듯이, Y세대 부하들도 자신에게 무조건적인 순종과 존경의 태도를 보였으면 하는 기대 때문에, 왠지 무시당하는 것 같은 부정적인 느낌을 갖기도 한다.

• NOT Oriented to myself: 개인보다는 회사생활을 중시함

기성세대는 개인을 희생하고 집단을 더 중시하는 세대이다. 조직과 자신을 동일시하고, 大(회사)를 위해 小(자신)를 희생하는 것에 익숙하다. '회사에 들어왔으면 회사 인간으로 살아야지!'라는 생각을 하며, 같은 팀이라면 팀장님의 지휘하에 같은 식당에 가서 같이 점심을 먹는 것이 당연하다고 여기는 태도를 보이기도 한다. 실제로 본인도 조직생활을 하면서, 다른 사람과 많이 다른 모습을 보여 튀는 경우는 되도록 삼가려는 노력을 하기도 했다. 따라서 개인적인 선약 때문에 회식에 빠지겠다거나, 체육대회/워크샵 같은 팀빌딩 행사에 참석하지 않겠다는 Y세대의 행동을 보면, 자기중심적이고 개인주의적이라는 평가를 하곤 한다.

지금까지 우리 젊은 세대의 특징과 기성세대와의 차이점에 대해 살펴보았다. 어떤 부분은 많이 다르고, 어떤 부분은 많이 닮았다. 어떤 부분은 우리 부모님의 모습이 겹쳐 보여 이해가 가기도 하고, 어떤 부분은 도대체 왜 저렇게 생각하며 사는 걸까 싶어서 도저히 수용할 수가 없기도 하다. 하지만 우리가 현재 할 수 있는 일이란 그분들이 가지고 있는 특징을 그대로 인정하는 것이다. 기성세대가 우리가 가지고 있는 특징이 싫다고 해서 우리가 하루아침에 그들과 같은 색깔로 변할 수 없듯이, 우리가 마음에 안 든다고 해서 기성

세대도 순식간에 어제와 다른 행동을 할 수는 없을 테니 말이다.

그러면 이러한 지식을 기반으로 해서, 이제는 우리쪽에서 그분들께 손을 내밀어보는 연습을 한번 시작해보자. 물론 기성세대들도 우리와의 원활한 소통을 위해 지금 열심히 노력하고 있다고 생각한다. 하지만 이러한 세대 차이에서 스트레스를 받는 구성원은 20대(33%)와 30대(26%)가 40대(24%)나 50대(12%) 보다 훨씬 많다. 아직까지 조직내에서 우리의 사고방식보다는, 기성세대의 사고방식이 더 지배적인 위치를 차지하고 있기 때문일 것이다. 따라서 목마른 사람이 우물을 팔 때 더 신선한 물을 빨리, 편리하게 얻을 수 있을 가능성도 더 높아질 것이다. 더구나 누가 무조건 희생하고 양보를 하는 것이 아니라, 서로서로 노력을 통해 중간쯤에서 만나기 위해, 일단 우리쪽에서 할 수 있는 일을 해보자는 거다. 그 다음에 기성세대에게 우리가 바라는 것을 요구한다면 훨씬 더 쉽게 얻을 수 있지 않을까 싶다.

다음 장의 '오해 줄이기 두 번째 작업: 마음으로 이해하기'에서는 오해가 발생되는 여러 가지 상황들을, 지금까지와는 조금 다른 시각으로 살펴보는 일을 해보려고 한다. 우리가 살아왔던 경험을 기반으로 했던 기존의 '눈'을 잠시 감고, 상대방을 이해하고 문제를 해결해보고자 하는 새로운 마음의 '눈'을 뜨는 시간을 가져보기를 제안한다.

* Bonus에서는 상사(리더)를 위한 공부자료를 살짝 공개한다. '상사들도 조금 더 성숙한 모습을 갖추기 위해 이런 노력을 하고 있구나'를 이해해주고, 우리의 성장에도 도움이 될 수 있는 in sight를 찾아보기를 기대한다.

Bonus 1.
상사들의 공부자료 공유하기: Followership에 대한 이해

박정민 / HR Insight(2012.08)

Leadership vs. Followership. 두 가지 개념 중에서 어느 쪽을 더 많이 들어보았는지, 어느 쪽에 대해 더 많이 알고 있는지에 대해 한번 생각해보자. 요새는 초급 관리자(과장급), 중급 관리자(부장/팀장), 고급 관리자(임원/CEO)들 모두 직급별로 리더십 교육을 받는다. 직무 교육 때 포함되는 한두 시간의 특강부터 시작해서, 길게는 3개월~6개월의 1대1 리더십 코칭까지 다양하게 진행이 되고 있다. 심지어 '청소년 리더십', '아동 리더십', '유아 리더십'이라는 단어까지도 검색 사이트에서 쉽게 찾아볼 수 있다. 아마도 그래서 독자 여러분 또한 followership보다는 leadership이라는 개념에 대해 좀 더 편안하고 자신 있게 설명할 수 있지 않을까 싶다.

이와 같이 우리는 지금까지, 조직의 생산성과 역량을 높이고, 건강하고 발전 가능성이 높은 조직환경을 만들어내기 위해 주로 리더 개인에게 초점을 맞추어 왔다. 구성원들을 효과적으로 이끌어 갈 수 있는 스킬(비전 관리, 업무과정 관리, 성과 관리, 관계 관리, 경력 관리)을 익히고, 스스로의 모습을 지속적으로 돌아보며 성찰할 수 있는 자기 자각 능력을 기르며, 관리자 역할을 하면서 삶의 기쁨과 즐거움을 얻으려 하는 동기수준을 높여서, 리더로의 역량을 기르는 것에 관심을 가졌던 것이다. 하지만 이제는 한 사람의 리더 개인에 대한 육성보다는, 조직 구성원의 집단적인 리더십 역량에 더 많은 관심이 맞춰지고 있다. 즉, 리더와 팔로워가 힘을 모아서, 조직의 공유된 리더십 역량(shared leadership capacity)을 증진시키는 것에 대한 중요성이 강조되고 있는 것이다.

파레토의 2대 8 법칙과 같이, 결국 조직의 이익을 가져오는 사람은 전체 구성원들 중 20%라고 생각을 하게 된다면, 사실 소수의 리더를 역량 있는 사람으로 뽑아서, 핵심인재들에게 시간과 예산을 투자하여 육성을 하게 되면, 좋은 성과를 내게 되는 것은 당연한 일이니, 가장 효과적인 것이 아닌가라고 말할 수도 있을 것이다. 하지만 인간이라는 존재가 가지고 있는 강점과 엄청난 잠재력에 대한 사실이 매일매일 조금씩 더 많이 밝혀지고 있는 지금, 우리는 80%의 팔로워에 대한 육성과 지원을 통해 얻을 수 있는 큰 선물을 놓치고 있는 것은 아닌가라는 생각을 해봐야 한다. 또 하나, 지나치게 리더의 역량만 강조하고 모든 문제의 책임을 리더에게만 돌리려는 조직의 태도 또한 점검해볼 필요가 있다. 어느 조직에 가든지, 리더들이 무거운 책임감과 부담감이라는 바윗돌을 어깨와 머리 위에 가득 올려놓고, 매일매일 쌓이는 스트레스 때문에 힘들어하는 모습을 많이 볼 수 있다. 자신의 건강과 관리에 대해서는 전혀 신경을 쓰지 않고, 현재 눈앞에 놓여있는 실적 수준을 맞춰내고, 문제해결을 하는 데에만 모든 에너지를 사용하는 리더의 경우, 물론 단기적인 성과를 잘 이뤄낼 수 있을 것이다. 하지만 사람의 에너지란 반드시 지속적으로 충전을 해줘야 하는 것이므로 얼마 지나지 않아 에너지는 방전되고, 리더라는 자동차는 멈춰 설 수밖에 없다. 이러한 환경을 가지고 있는 조직은 지속적으로 성장할 수 없을 뿐더러, 이러한 조직에서 일하는 리더들이 자신의 꿈과 목표를 이루는 데에 있어서 적극적이고 주도적으로 참여하기란 더욱 더 어려운 일이 될 것이다. 그래서 많은 리더들이 '여우같은 마누라나, 토끼 같은 자식만 없으면 오늘이라도 바로 회사 때려 치고 방랑의 길로 나서고 싶다'라는 말을 종종 하게 되는 듯하다.

리더는 팔로워들이 바라보는 가장 가까운 역할모델이다. 조직생활을 통해 자신의 모습을 적극적으로 관리하거나 조직의 비전 안에서 자신의 꿈을 어떻게 이뤄나갈지에 대해 전혀 고민하지 않고, 생계를 위해서만 일할 뿐, 그 외의 의미는 아무것도 없다고 이야기하는 리더 밑에서, 역량 있는 팔로워가 키워질 가능성은 0%가 아닐까. 실제로 조직의 사원/대리급을 인터뷰 해보면, 이와 같은 상사의 모습을 보았을 때, 조직에 대한 애착이나 매력이 떨어지고, 일하고 싶은 동기수준도 내려간다는 이야기를 할 때가 많다. 더구나 리더십이란 건강한 리더가 자신의 에너지와 파워를 팔로워들에게 나눠주는 부분도 많다고 생각되므로, 리더에게 충전된 에너지 수준이 바닥에서 맴도는 경우, 팔로워에 대한 육성은 꿈도 못 꿀 일이 아니겠는가. 현명한 조직이라면, 리더가 바윗돌을 혼자 짊어지고 있느라 에너지를 소진하는 것을 보고만 있는 것이 아니라, 역량 있는 팔로워들과 리더들이 함께 손을 잡고, 보다 건강한 조직을 만들어낼 수 있는 방법을 찾으려 애쓸 것이라 확신한다.

따라서 'SMART FOLLOWERSHIP'이 무엇인지에 대해 파악하고 이해하게 된다면, 리더와 팔로워, 나아가서 부서 및 조직에게 큰 도움이 되는 일이 될 것이다. 리더는 역량 있는 부하직원을 육성하기 위해, 어떤 점에 초점을 맞추어야 할지에 대해 이해할 수 있게 되며, 팔로워는 자신이 원하는 미래를 조직 안에서 실현하기 위해 어떤 노력을 해야 할지에 대해 알 수 있게 될 테니 말이다. 그에 더하여 부서와 조직은 차세대 핵심인재를 육성하기 위해서는 어떤 노력이 필요할지에 대해 계획을 세울 수 있게 될 것이다.

조직의 인사/교육 부서에서는 주로 리더들을 대상으로 리더십/코칭 교육을 하고, 부하 직원에게 문제가 발생될 때에는 리더에게 책임을 묻고, 개인적으로 문제를 해결할 것을 기대하는 경우가 많다. 하지만 이와 같은 노력과 병행하여, 팔로워들에게도 조직으로부터 기대하는 바가 무엇인지, 그들의 꿈을 이루기 위해 어떤 노력을 해야 할지에 대해 지원해준다면, 조직에서 얻을 수 있는 효과는 몇 배로 늘어날 것이라는 기대를 해본다.

Followership의 4가지 유형과 발달단계

Followership이란 간단하게 말해서 '조직의 목표를 달성하는데 기여하는 팔로워들의 효과적인 자질과 역할'이라고 할 수 있겠다. 우선 비효과적인 Followership부터 살펴보면, 조금 더 이해가 쉽지 않을까 싶다. 조직에서 우리는 누구나 리더이자 팔로워이니, 스스로의 모습도 한번 점검해보기를 권한다.

- **수동형(Sheep)**: '3요 유형'. '글쎄요, 몰라요, 그래요?' 리더에게 의존하고, 실제로 적극적인 행동을 하지 않는 유형을 말한다. "이걸 하라구요? 네, 그러죠, 뭐(시큰둥)" "부장님이 시키시니까, 하도록 하겠습니다(느적느적)" 자신의 업무에 대해 큰 관심을 보이지 않고, 동기수준도 그다지 높지 않은 경우이다.
- **순응형(Yes-People)**: '딸랑딸랑!!'. 리더의 비위를 맞추는 데에 관심을 가지고, 시키는 일만을 잘하는 유형이다. "네! 저요! 저요! 저요! 제가 하겠습니다!" "역시 부장님은 천재이신 것 같아요. 이런 생각을 어떻게 해내셨을까요?" 하지만 역시 자기주도적으로 머리를 써서 아이디어를 만들어 내거나 행동을 하는 경우는 드물다.
- **소외형(Alienated)**: '투덜이'. 리더의 의견이나 제안에 대해 비판

적이고, 냉소적인 태도를 취하지만, 실제 행동으로는 옮기지 않는 유형을 가리킨다. "일단 저는 반대입니다. 너무나 비현실적인 이야기라고 생각됩니다" "이 문제를 해결할 아이디어요? 그건 부장님이 생각하실 일 아닙니까? 그걸 알면 제가 부장하지, 이러고 있겠습니까?" 대부분의 조직이나 리더들이 가장 육성하기 힘든 팔로워의 유형이라고 꼽고 있고, 실제로 followership workshop을 해보았을 때, 사원/대리급에서도 가장 문제가 된다고 지적하는 유형이다.

- **실무형(Pragmatics)**: '잔머리'. 사거리에 놓여 있는 담벼락 위에 올라가서 눈썹 위에 손을 얹고(두리번두리번), 현재 바람이나 상황이 어느 쪽으로 흘러가고 있는지를 잘 관찰한 후, 가장 에너지를 덜 쓸 수 있는 방향으로 약삭빠르게 머리를 돌리는 유형을 말한다. "어차피 신규 부장님이 오시면, 업무분장 새로 할 게 뻔한데, 지금 뭐하러 힘을 쓰겠어? 적당히 버텨야지." "그래도 상반기 성과평가가 한 달 남았으니까, 요정도~는 해줘야, 또 욕을 안 먹겠지."

한 Followership Workshop에서, 교육생들과 함께 팔로워의 각 유형별 장단점에 대해 논의를 해보았던 적이 있다. 교육생들은 이 4가지 유형이 조직 구성원의 발달단계와도 일치할 수 있겠다는 신선한 의견을 제시하였다. '수동형'은 주로 신입사원과 같은 사회 초년생에게 많이 나타날 수 있다. 아직 능력이나 경험이 부족하기 때문에 발전 여지가 많다는 것이 강점이지만, 단점은 모든 것에 대한 업무지시를 해주고 확인해줘야 하니까 사수/선임/상사/관리자(조직마다 윗사람을 가리키는 호칭은 참 다양했다)가 다소 피곤하고, 시간이 많이 필요할 수 있다. '순응형'은 약간의 연차가 쌓인 경우로서, 성실성과 열정, 추진력을 강점으로 들 수 있다. 하지만 아직은 스스로 생각하고 행동할 수 있는 자기주도성이 부족하기 때문에, 전체적인 업무의 방향이 상사의 개인적인 의견으로만 치우쳐서 흐를 수 있다는 단점이 있다. '소외형'은 순응형보다 조금 더 연차가 쌓였을 때로, 해당 이슈에 대해 관심과 고민이 많으며, 뒷말을 하거나 혼자만 끙끙대는 것이 아니라, 용감하게 앞에 나와서 이야기를 하는 적극성이 있다는 것이 장점이다. 그러나 주위 동료들의 사기까지 저하시키고, 협동심을 감소시킬 수 있으며, 업무가 지연될 가능성이 있다는 것이 단점이다. '실무형'은 네 가지 유형들 중 직장 경험이 가장 많은 사람들에게 종종 나타난다. 항상 적당한 성과를 내는 실속주의자이기 때문에, 인사고과를 잘 받는다는 장점이 있다. 하지만 책임을 지는 것을 싫어하며, 위기 시 이직이 쉬운 사람으로 보이기 때문에, 높은 직급까지 승진하기는 어렵다는 것이 단점이다.

이와 같이 모든 행동 유형에는 강점과 단점이 함께 존재한다는 사실을 우리는 반드시 기억할 필요가 있다. 그래야만 '저 놈의 자식은 아무짝에도 쓸데가 없어!'라고 내치는 것이 아니라, 상대방의 행동 이면에 숨어 있는 이유를 알고 싶어지는 호기심이 생길 테니 말이다. 예를 들어서, 선뜻 자신의 의견을 이야기하고 싶어하지 않고, 행동으로 옮기려고 하지 않는 수동형의 경우, 대부분의 리더들은 이렇게 이야기한다. "저 녀석은 신입사원이 돼 가지고, 열정이 없어. '뭐든 시켜주시면 열심히 하겠습니다! 죽으라면 죽는 시늉도 하겠습니다!' 이런 젊은 패기가 있어야 하는 거 아니야? 쯧쯧쯧쯧!!" 하지만 팔로워들은 수동형에 대해 조금 다른 의견을 가지고 있었다. 낯선 환경에서 섣불리 움직이고, 입 밖으로 말을 꺼내기 힘든 '두려움'과 '불안'이 있을 수 있다는 것이다. 조직에서 경험을 많이 쌓은 리더들이 자신의 올챙이 시절을 기억하지 못하고, '두려움? 무서움? 야, 그건 시간만 지나면 없어지는 거야'라고 한마디로 무질러버리는 것은 그다지 바람직하지 않다. 상대방의 생각과 감정, 의도에 대해 이해해주는 '공감'이야말로, Smart Followership의 기반이자, Smart Leadership의 기초이니 말이다.

그렇다면 Smart Follower는 어떤 모습을 가지고 있을까? Smart Follower(모범형/Star)의 특성으로는 일반적으로 네 가지 정도를 이야기할 수 있겠다.

(1) 스스로의 생각과 감정, 행동을 효과적으로 통제하며 조절할 수 있는 능력이 있다. 조직이란 여러 사람들이 함께 모여서 다양한 꿈과 목표를 이루어가는 공동체 현장이다. 그러니 만큼, 사람들과 같이 무언가를 만들어내기 위해서는, 어떤 방법이 가장 효과적일지에 대해 고민할 필요가 있다.

(2) 조직의 미션과 비전을 추구하는 데 적극적이고 능동적으로 참여한다. Smart Follower는 자신의 비전과 조직의 비전간의 공통점을 찾아내기 위해 최선의 노력을 다 한다. 조직을 위해서 무조건 희생하는 것이 아니라, 조직과 내게 모두 도움이 되는 길이 어떤 것일까에 대해 지속적으로 고민하는 모습을 말한다. 그러려면 자신이 나아가기를 원하는 방향에 대해서도 잘 파악하고 있어야 하며, 우리 조직의 비전에 대해서도 알아보려는 호기심이 필요하다.

(3) 자신의 역량을 개발하기 위해 최선의 노력을 다한다. 짬밥이 쌓일수록, 역량도 늘어나겠지 라는 것은 모든 직장인들의 로망이자 신화가 아닐까 싶다. 자신의 목표를 향해 의도적으로 시간과 에너지를 투자하여 노력을 하지 않는 이상(Intentional Practice), 원

하는 꿈은 쉽게 이루어지지 않는다는 것을 기억할 필요가 있다.

(4) 도전적이고 솔직하며, 신뢰할 수 있다. 자신이 동의하고 수용하는 일에 대해서는 최선을 다해 지원하는 모습을 보인다. 현재의 능력으로는 조금 버겁게 생각되는 일이라도, 부딪혀서 도전해 보려는 용기를 갖고 있는 사람. 리더에게 반대되는 의견을 가질 때에는 대안 없는 비판, 비난을 위한 비난을 늘어놓는 것이 아니라, 적극적이지만 상대방의 수용도를 높일 수 있는 방법을 통해 솔직하게 자신의 아이디어와 대안을 내놓는 모습을 보이는 사람을 말한다. 그런 사람이야말로, 조직 내에서뿐만 아니라, 그 누구에게라도 두터운 신뢰를 얻을 수 있지 않을까.

성숙한 조직 구성원으로 기능하는데 있어서 가장 필요한 것은 관리능력이 아닐까 싶다. 외부에서 예측하지 못한 자극들이 들어오더라도, 현재의 상황이 원래 자신이 생각했던 것과는 전혀 다르게 흘러가더라도, 스스로에게 최적의 환경을 만들어주기 위해 노력하는 능력 말이다. 이때 관리를 해야 할 가장 큰 대상은 '상사'와 '나 자신'이 될 것이다. 상사는 우리가 직장에서 성공하기 위해 필요한 핵심열쇠이다. 왜냐하면 상사의 부실관리에 대한 대가는 우리 자신이 치르게 되기 때문이다. 따라서 우리는 상사를 관리하기 위한 실제적인 전략이 필요하다. 그리고 '스스로'를 관리하지 않는 이상, 내가 원하는 목표를 이룰 수 있는 가능성은 점점 줄어들 수밖에 없다.

성악가는 맑은 목소리를 유지하기 위해 목을 보호하고, 하루도 빼놓지 않고 발성연습을 한다. 발레리나는 일상생활 속에서 생길 수 있는 사소한 사고로부터 다리를 보호하고, 매일매일 바를 잡고 수백 번 수천 번 기본 동작을 연습한다. 자, 우리는 Smart Follower가 되기 위해, 현재 어떤 노력을 하고 있는가? "지금은 눈앞에 놓인 불 끄는데 바빠서요. 언젠가 시간이 나면, 한가해질 때 할게요." 그게 언제란 말인가? 우리가 삶을 사는데 있어서 한가해질 때는, 은퇴한 후밖에 없다. 그 전에는 그 어떤 일로든 항상 바쁠 테니 말이다. 나 자신을 관리하는 일은, 매일의 삶을 사는데 있어서 우리가 끊임없이 해야 할 일이다.

CHAPTER **2**

오해 줄이기 **두 번째** 작업

—

마음으로 이해하기

오 / 해 / 하 / 지 / 말 / 아 / 주 / 세 / 요

오해 줄이기 두 번째 작업

• • •

마음으로 이해하기

지금부터는 커뮤니케이션을 잘하기 위해 다양한 사례들을 중심으로 이야기를 펼쳐나가 보는 것이 어떨까 싶다. 오해가 만들어지는 각각의 상황에 대해 들어보고, 그 상황에서 나에게 보이는 것과, 나에게 잘 보이지 않았던 것을 정리해본다면 어떨까? 조직 구성원 대상의 강의와 상담, 코칭을 통해 수집된 사례들을 기반으로 하여, 필자들이 모여서 머리를 맞대고 고민을 해본 결과, 조직내 의사소통에서 기성세대와 젊은 세대간에 갈등이 생기는 상황은 위계질서, 일처리방식, 피드백, 근무태도, 언어습관의 5가지로 정리가 되었다. 그래서 이 장에서는 각 문제 상황에 대해, 오해받는 상황, 나에게 보이는 것, 나에게 보이지 않는 것(다른 사람의 오해)들은 어떤 것인지에 대해 마음의 눈을 열고 알아보는 작업을 해보도록 하겠다. 마음의 눈을 열자고 강조를 하는 이유는, 평소에 우리가 오해받고 있는 상황에 대해 떠올리게 되면, 우리의 시각에 갇혀서 좁은 시각을 갖게 되는 경우가 많기 때문이다. 어떤 때에는 내 눈에 분명히 비침에도 불구하고 보이지 않는다고 하기도 하고, 아예 못보는 것들도 많다. 우리가 원하는 방향으로 나아가서 좋은 해결책을 찾기 위해서는, 현재 우리 자신과, 갈등의 상대방과, 우리가 함께 구성하고 있는 갈등 장면을 명확하고 객관적으로 바라볼 필요가 있는 것이다.

사실 이 책은 처음부터 끝까지 모두 다 읽어야 되는 구성이 아니다. 가장 첫 장에서 이야기했었던, 커뮤니케이션이라는 것이 어떻게 이루어지는지에 대한 구조에 대해서만 읽어보거나, 기성세대와 젊은 세대에는 어떤 차이가 있는지에 대해서만 읽어봐도 된다. 또한 앞으로 다룰 5가지 문제 상황 중 내가 관심이 있는 부분만 읽어보고 덮었다가, 또 다른 상황이 벌어졌을 때, 그에 관련된 부분을 다시 들춰봐도 좋을 것 같다. 독자들이 쉽게 찾을 수 있도록 이 장의 구성을 표로 그려보았다. 해당 페이지수를 표시해놓았으니 마음에 드는 부분을 바로바로 펼쳐보도록 하자.

의사소통시 갈등이 생기는 상황 (오해받는 상황)	나에게 보이는 것			나에게 보이지 않는 것 (다른 사람의 오해)
	나의 의도	나의 행동	나의 감정	
위계질서	47p	49p	50p	52p
일처리방식	55p	57p	58p	59p
피드백	63p	65p	66p	67p
근무태도	72p	74p	75p	76p
언어습관	81p	83p	85p	86p

1. 위계질서에서의 오해

오해받는 상황

• **김수현**(28세 대리 / 3년차 직장인)

"저는 기획실에서 일하고 있고, 입사한지 3년만에 올해 대리를 단 직딩입니다. 그런데 정말 회사에 있는 사람 때문에, 회사생활이 너무 힘이 듭니다. 솔직히 회사는 일을 하러 들어오는 것이지, 사람들을 사귀려고 들어오는 곳은 아니잖아요? 또 모든 사람들이 제 기대에 맞게 일을 잘하거나, 능력이 있기를 기대하는 것도 무리죠. 사실 맘 맞는 사람을 회사에서 찾기 어렵다는 것은 여러 직장 선배들의 이야기나, 제 짧은 경력을 통해서도 이미 잘 알고 있어요. 회사 사람들이 모든 것을 함께 할 수 있는 친구가 될 수는 없으니까요. 동료는 동료, 상사는 상사일 뿐이지요. 그래서 직장에서는 사람들에 대한 기대는 그냥 한구석에 밀어놓은 채 일을 하고 있지만, 정말, 저는 제 바로 위에 계신 과장님하고는 말 그대로! 일하는 스타일이 맞지 않습니다. 생각이 다른 건 물론이구요, 아예! 말 자체가 안 통합니다. 너무너무 답답해서, 가슴이 정말 터질 것만 같아요. 제가 최대한 자세하게, 몇 번씩이나 제 기획안에 대해 설명을 해드려도, 바로 장표에 설명이 되어 있는 당연한 것들에 대해 물어봐요. 정말 제가 드린 기획안에 대해 읽어보기나 하신 건지 모르겠습니다. 아예 우리가 하고 있는 이 일에 대한 취지와 목적을 바로 알고나 계신 것인지 여쭤 보고 싶을 때가 한두번이 아니었다니까요. 상황이 이 모양이니, 제가 작성한 기획안이 위로 전달될 리가 없지요. 맨날 과장님 선에서 회수됩니다. "이건 실현 가능성이 없어, 수현씨. 뭐, 다른 거 없어? 이거 가지고는 부장님께 보고드릴 수가 없지. 우리 현실적인 것을 하자고~"

그러던 어느날, 점심식사 자리에서 우연히 제가 작성했던 기획안 중의 일부 내용을 이야기할 기회가 있었습니다. 부장님은 "어! 그거 좋은 아이디언데, 좋아, 김수현씨! 어떻게 그런 생각을 했어? 바로 추진하도록 하고, 오늘 정리해서 대충이라도 기획안을 올려봐. 내가 검토해 볼 테니" 하시는 겁니다. 아니, 제가 기획안을 작성해 놓은 것에 대해 과장님은 실현가능성이 없다고, 위로 보고도 안했었는데! 정말 순간적으로 머리 뚜껑이 열릴 것 같이 너무나 화가 났습니다. 바로 옆에 과장님이 계신데, 지난번에 그 기획안을 작성했는데 과장님이 올리지 못하게 방해했다는 말을 할 수도 없어서, 얼굴만 새빨개져서 앉아 있었습니다. 그런데 정말 웃기는 것은, 과장님 대사였어요. "그래, 김수현씨. 좋은 아이디어네. 그 기획안 바로 정리해보도록 하지. 오늘 퇴근 전까지는 되겠지?"라는 거에요! 와~ 정말 사람을 갖고 노는 것도 아니고, 이제 도대체 뭐하는 거냐구요. 몇 주째 과장님이 다시 해오라고, 다시 해오라고 해서 똑같은 일을 붙잡고 있었는데 말이죠. '그때 부장님께 그냥 내가 슬쩍이라도 말씀을 드렸으면, 지금쯤 그 일은 벌써 끝나고, 밀린 다른 일들을 할 수 있는 시간이 충분했을 텐데'하는 생각도 들었습니다.

이번뿐만이 아니에요. 업무에 대해서 설명을 할 때도, 과장님은 부장님께 제대로 설명을 하지 못하세요. 툭하면 부장님께 보고하러 들어가실 때, 저를 불러서 같이 들어가자고 합니다. 아니, 본인이 관련된 일인데, 왜 제가 설명을 해야 하는 거죠? 어떻게 생각하면, '김수현한테 보고하라고 하면 되지'라는 생각으로, 제가 설명을 해드릴 때 제대로 안 들으시는 것 같습니다. 그럴 바에야 제가 과장을 하지요. 저에게 맡겨진 일도 많은데, 과장님 일까지 시중을 들면서 뒷수발을 해야 하나요? 이런 말까지 하고 싶지는 않지만, 연봉은 과장님이 저랑 비교도 안 되게 많이 받으시잖아요!

저도 살아야 하지 않겠습니까? 그래서 나름대로 새로운 전략을 짰습니다. 새로운 업무를 부여받았을 때, 그리고 윗분에게 업무에 대한 설명을 드리고 도움을 얻어야 할 때, 부장님을 찾아가서 바로 의논을 드리기 시작했습니다. 결정권은 어차피 부장님이 가지고 계시고, 저와 부장님은 사업을 바라보는 관점이나, 일을 진행하는 스타일도 잘 맞아서, 제 아이디어가 부장님께 가면 한층 더 발전되는 것을 느끼게 되거든요. 제가 생각해도 회사의 급속한 발전을 위해서는 코드가 맞는 사람과 일하는 것이 정말 중요하다고 생각합니다.

이게 뭐가 잘못된 건가요? 과장님은 제가 부장님과 독대를 하고 나서부터, 저를 쳐다볼 때마다 너무나 못마땅한 시선으로 노려보십니다. 아예 말도 섞지 않으려고 하고, 제가 하는 모든 것에 대해 냉소적인 반응을 보이신다니까요? 뭔가 업무적인 문제에 대해 상의를 드려도, “김대리는 내가 안중에나 있나? 궁금하면 직접 가서 부장님과 이야기하면 되는데, 뭐 귀찮게 나한테 그런 걸 물어보고 그래~” 이렇게 대답을 하고 콧방귀를 뀌세요. 아니, 부하직원이 시키지도 않았는데, 알아서 적극적으로 일하고, 열심히 해보려고 하는 것도 문제가 됩니까? 오히려 칭찬을 해줘야 하는 것 아닌가요? 요새 유행하는 말같이 저같이 자기주도적으로 일하는 대리가 어디 있냐구요. 솔직히 저 때문에 과장님은 자질구레한 일들에 대한 고민 시간이 줄어서 다른 일을 하실 시간도 더 많아지셨을 테니, 제 딴에는 과장님께도 더 혜택을 드린 셈인데 말입니다. 제가 저 혼자 잘되자고 이러는 거냐구요. 열심히 했다고 고맙다는 말을 들어도 부족할 판에, 이게 무슨 경우죠?”

나에게 보이는 것

A. 나의 의도

다른 사람들과 갈등이 생겼을 때, 내가 어떤 의도를 가지고 있었는지를 스스로 명확히 파악하는 것도 중요하고, 상대방에게 그 의도가 명확히 전달될 수 있도록 하는 것도 큰 도움이 된다. 아무 생각 없이 하는 행동은 없다. 문제가 되는 상황에서 내가 어떤 생각을 가지고, 어떤 목적을 가지고 있었던 것인지 되돌아보자.

① 시간을 효과적으로 쓰고 싶다

우리 젊은 세대들은 직속 상사와의 관계에서 일이 잘 풀리지 않을 때, 보고체계에는 조금 어긋날지도 모르지만, 직접적인 권한을 가지고 있으며 신속하게 의사결정을 해 줄 수 있는 상위직급의 상사에게 바로 가서 의논하는 것이 좋은 방법이라고 생각한다. 그렇게 되면 더 이상 선택되지도 않을 사안을 고치느라 골머리를 썩고, 시간낭비하면서 계속 고민할 필요가 없기 때문이다. 회사에서 해야 할 일이 딱 하나라면, 모든 보고체계를 지키고 천천히 여유를 갖고 일을 진행하면 되겠지만, 솔직히 우리가 동시다발적으로 해야 할 일은 엄청나게 많은데다가 수시로 새로운 업무들이 쏟아진다. 시간관리를 잘하라고 엘리베이터나 화장실에 울긋불긋 포스터들이 붙어 있던데, 바로 이게 효율적인 시간관리 아닌가.

② 최적의 해결책을 찾고 싶다

우리 젊은 세대뿐 아니라 그 누구라도 일을 시작했다면, 그 일이 깔끔하고 시원하게 해결될 수 있는 방법을 알아보고 싶을 것이다. 한쪽 방향으로 열심히 뛰어가 보았는데, 그 방향이 아니라는 것을 알게 되었을 때, 어떻게 할까? 당연히 반대 방향으로 뛰어가지 않겠는가. 직속상사와 일이 잘 안 풀리면, 당연히 그 위의 분께 도움을 요청하는게 맞을 것이다. 누군가는 더 높은 사람에게 줄을 서려고 하는 거냐는 오해를 할 수도 있겠지만, 나는 내가 맡은 문제는 제대로 풀어가고 싶다. 내 이름을 건 일이니까.

③ (불편한 관계를) 피할 수 있다면 피하고 싶다

'피할 수 없으면 즐겨라'라고 하던데, 솔직히 나는 이 말에 반대한다. 모든 것을 다 있는 그대로 즐기라니. 그 부담과 스트레스는 어떻게 하란 말인가. 너무나 무책임한 말이라고 생각된다. 오히려 피할 수 있으면 피하는 게 맞지 않을까? 직속 상사와 이야기를 하다보면, 솔직히 말해서 내 의견보다 별로인 것 같은데도, 그냥 꾹 참고 "네, 알겠습니다"라고 하며 물러서야 할 때가 많다. 이번과 같이 내 아이디어가 좋은 경우에도, 과장님이 위로 보고를 안 해주면 그냥 끝인 거다. 이런 상황에서 과장님이 좋게 보일 리가 있겠는가? 솔직히 말해서 같은 부서에서 일하고 싶지 않다. 하지만 나도 한두 살 먹은 어린애가 아닌데, "과장님 때문에 일하기 싫어요" 라는 철딱서니 없는 말은 하고 싶지 않다. 차라리 과장님을 마주해야 하는 경우를 최대한 줄이고, 내 이야기를 이성적으로 잘 들어주시고 좋은 피드백을 주실 부장님을 자주 찾아뵙는 것이 낫다. 불필요한 감정싸움을 하지 않아도 되니, 직장생활은 훨씬 더 깔끔해지는 기분이다.

④ 나의 능력을 제대로 인정받고 싶다

과장님이 보고하실 때 따라 들어가 보면, 설명은 다 나한테 시켜놓고, 그 일을 한 공은 본인에게 돌리려고 하는 의도가 보여서 정말 황당할 때가 많다. 물론 하나의 업무를 하는데 있어서, 내가 기여한 부분도 있고, 과장님이 도와주신 부분도 있을 거다. 내가 원하는 것은 각자의 기여도에 대해 명확한 평가를 받고, 정확하게 인정받고 싶다는 것뿐이다. 솔직히 이 회사에서 내가 계속 대리로만 있을리 없지 않나. 기획실에 들어온 이상, 회사의 중요한 의사결정을 할 수 있는 부문의 장으로 일해보고 싶은 꿈이 있다. 그러려면 내 성과에 대한 평가권을 가지고 있는 분들에게, 내 역량과 열정을 적극적으로 알리고, 좋은 평판을 얻고 싶은 마음이 크다.

B. 나의 행동

지나간 시간을 기억해보려고 하면, 내가 어떤 행동을 했었는지 잘 떠오르지 않는 경우가 많다. 하지만 다른 사람들이 오해를 하게 되는 가장 첫 번째 이유는, 겉으로 드러나 있는 나의 행동임을 잊지 말자. 성숙한 인간으로 성장한다는 것은, 스스로를 바라보며 더 좋은 방향으로 이끌 수 있는 자기자각(self-awareness) 역량을 개발한다는 것을 의미하기도 한다. 앞에서는 나의 의도를 살펴보았으니, 이번에는 내가 문제 상황에서 어떤 행동을 선택했는지를 정리해보자. 그러면, 해당 행동을 한 것의 효율성에 대해 평가해볼 수 있을 것이다.

① 상위 직급의 상사를 찾아 간다

보다 효율적으로 일을 처리하기 위해 직접 상사의 상사를 찾아가서, 일의 진행과정에서의 어려움을 호소하고 도움을 요청했다. 부장님은 내 이야기를 진지하게 들어주셨고, 방향을 제시해주셨으며, 이 일에 대해 회사에서 가지고 있는 의도에 대해 명확히 설명해주셨다. 나를 성장시켜 주지 못하는 직속상사에게 매달려 시간을 낭비하기보다는, 나를 이끌어주실 수 있는 분이 계시다면 상위 직급의 상사라도 어려워하지 않고 찾아가는 것이 맞다고 보기 때문이다.

② (직속상사와의) **불편한 관계가 있다면 과감히 포기한다**

회사에서 만나는 모든 사람과 사이좋게 지낸다는 것은 불가능하다. 말이 통하지 않는 사람을 변화시키기 위해 애를 쓰는 것보다는, 포기할 것은 포기하는 것이 맞다고 생각한다. 그래서 어느 정도는 노력해보았지만 효과가 없었다면, 더 이상 미련을 두지 않고, "이 사람은 내 조직생활에 도움이 되지 않으니 기대를 말자"라고 생각을 접는다. 그리고 비난받지 않을 만큼 팀에서 나에게 주어진 일을 명확히 해내고, 과장님과 관계를 강화할 기대를 하지 않는다.

③ (쓸데없는 것에 신경쓰지 않고) **개인적인 발전에 집중한다**

솔직히 직속상사와의 관계를 포기했을 때, 내가 받아야 할 후폭풍은 각오해야 한다. 매서운 눈초리가 느껴지기도 하고, 뭔가 나를 제외하고 모임이 만들어지는 것 같기도 하다. 내가 한 일에 대해서는 나도 책임을 져야 하므로, 큰 신경을 쓰지 않는다. 출근 전이나 퇴근 후에 운동을 하거나, 외국어 학원을 다니거나, 취미 활동을 하면서 역량개발을 하는 것에 오히려 더 신경을 쓴다.

④ (나와 잘 맞는) **좋은 사람들을 만나 스트레스를 푼다**

업무스타일이나 업무철학에 있어서 마음이 맞는 사람이나, 과장님과 함께 일하면서 나와 비슷한 고민을 하고 있는 사람들을 만나서 이야기를 하는 자리를 만든다. 뒷담화라고 해서 모두 부정적인 것만은 아니다. 같은 조직에서 어려움을 겪고 있는 일에 대해 이야기를 하다보면 공감대를 형성할 수 있고, 스트레스도 풀리는 것을 느낀다.

C. 나의 감정

앞에서 이야기했던 '자기자각'은 나의 의도와 행동을 바라봐주는 조그만 요정이기도 하지만, 겉에서는 잘 보이지 않는 마음속의 변화, 감정을 바라봐주는 일도 해준다. 내가 해당 상황에 마주했을 때, 어떤 기분과 감정, 정서를 느꼈는지를 명확하게 알게 되는 것도 해결책을 찾는데 도움이 된다. 불편한 감정을 해결하고 유쾌한 감정을 가질 수 있게 하기 위해, 우리와 주위 사람들은 함께 노력할 수 있을 테니 말이다. 생각(의도), 감정, 행동은 어느 것이 먼저 오는 것이 아니라, 서로서로에게 영향을 주면서 함께 움직이는 형제들이다. 따라서 감정이라는 녀석도 잊지 말고 꼭 살펴보도록 하자.

① 짜증

"우리 조직에는 이런 체계가 있으니 꼭 지켜라"는 식으로, 위계만을 강조하는 사람들을 보면 정말 짜증난다. 그렇다고 자기네들이 일을 잘하는 것도 아니면서, 내가 기존의 것과 다르게 하는 것만을 시시콜콜히 캐고 따지는지 이해하기 어렵다. 적어도 나는 일이 되게 만들었고, 우리 팀에게 맡겨진 일의 성과가 나오도록 최선의 노력을 다 했는데, 이런 나의 노력은 어디 가서 어떻게 인정받아야 하는지 모르겠다.

② 갑갑함

똑같은 이야기를 여러번 해야 하는 것을 좋아하는 사람이 어디 있을까. 그것도 결과적으로 잘 알아들으면 보람이라도 있다. 아무리 잘 설명을 해도, 받아들이는 사람의 역량에 따라 한계가 있다. 그것이 선배이거나 상사일 경우는 더 그렇다. 아니, 나보다 조직에서 쌓아온 짬밥도 엄청나게 많고, 일단 나보다 직급이 위인데, 왜 이런걸 모를까. 나를 키워주지는 못할망정, 나한테 피해는 주지 말아야 할 것 아닌가. 이럴 바에는 그냥 내가 나서는 것이 낫지 싶어서 직접 상사의 상사를 찾아간 것뿐인데, 그걸 갖고 뭐라고 하면 도대체 어떻게 해야 할지 모르겠다.

③ **불공평함**

조직에서 직급체계를 중시하며 그것을 기반으로 일을 하는 것 자체가, 젊은 사람들이 좋은 아이디어를 창출해 내도록 촉진하기 어려운 시스템이라고 생각된다. 내 직급이 아직 대리밖에 안되기 때문에 상사의 눈치를 보면서, 나의 능력이나 추진력에 브레이크를 걸어가면서 생활해야 하기 때문이다. 요새같이 학연, 지연, 혈연에 상관없이 역량과 성과 중심으로 사람을 대우해야 한다는 세상에, 이건 정말 불공평하다고 생각된다. 사회가 변화해나가는 과정의 선두에 서 있는 기업 조직에서는, 정말 너무나 구태의연한 일이 아닌가!

나에게 보이지 않는 것: 다른 사람의 오해

지금까지 나에게 잘 보였던 것(나의 의도, 나의 행동, 나의 감정)에 대해 살펴보았다. 내가 어떤 생각과 감정을 가지고 어떤 행동을 했는지에 대해 다시 한번 명확하게 정리해보는 것도, 변화의 해결책을 찾는데 있어서 가장 첫 번째로 해야 할 일이라고 보여진다. 그러면 다음 단계로 해야 할 일은, 이때까지는 내 시각 안에 있었기 때문에 보지 않았던, 나에 대해 다른 사람들이 가질 수 있는 시각에 대해 생각해보는 일이다. "아니에요!" "그건 오해에요!"라고 말하고 싶은 부분도 상당히 많겠지만, 나에게 나름대로의 의도와 생각, 감정이 있을 수 있듯이, 일단 그 사람들은 자기 나름대로의 생각을 가질 수 있다는 것을 인정해주자. 합의점을 찾아나가기 위해서는, 일단 그 사람의 입장에 귀를 기울이고 수용해야 함을 기억해 본다면 좋겠다.

① **예의가 없다 = 나(상사/선배)를 무시한다**

조직생활을 오래 해온 선배의 입장에서는, 조직에서 만들어 놓은 체계의 질서를 후배 직원이 지켜주기를 기대한다. 왜냐하면 조직에는 직급이 있고, 그 직급에 대한 역할이 있으며, 그 역할과 직급이 존중받을 때 조직이 원활히 성장해 갈 수 있다고 생각하기 때문이다. 그렇기 때문에 부하직원이 직속 상사와 이야기하지 않고, 그 사람을 뛰어넘어 상급의 상사와 먼저 의논을 하며 행동을 취하는 것을 볼 때 편안하지가 않다. '효율성을 추구한다'는 생각이 들기 전에 '나를 상사로 대접하지 않는구나' '지 녀석이 뭐가 그렇게 잘나서 나를 무시해?' '예의가 없고, 자기 멋대로야' '어린 녀석이 건방지긴!'과 같은 생각이 먼저 든다.

② **대인관계 역량이 미숙하다 = 철딱서니가 없다**

기성세대들은 '상사와 말이 안 통해요'라는 말을 들으면, '자존심이 세서, 상사에게 굽히고 들어오는 꼴은 죽어도 보이기 싫구나'라는 생각부터 먼저 하고, '사회 생활을 많이 해보지 않아서, 아직 관계능력이 부족하다'라는 결론을 내린다. 사회의 기준을 잘 모르며, 자기 중심적으로 생각하는 것을 보면, '아직 철이 없다'라는 생각을 하게 된다. 안타까운 것은, 철이 없다는 평가를 받게 되면 우리가 가지고 있는 다른 역량이나 능력들까지 가치절하 되는 경우가 많다는 것이다. 예전에는 '일을 잘하는 사람'이라면, 관계적인 역량에 대한 불만이 있어도 크게 신경쓰지 않는 상황이 많았지만, 이제는 조직이란 사람들과 함께 어우러져서 성과를 내는 곳이므로, 관계적인 역량이 낮은 평가를 받는다는 것은, 앞으로 성장할 수 있는 가능성에 대한 회의감을 갖게 된다는 것을 의미하는 것으로 인식 자체가 바뀌고 있다.

2. 일처리방식에서의 오해

오해받는 상황

• 이영우: 31세 / 2년차 직장인

"저는, 회사에서 일을 잘 하고 싶은 욕심이 무척 많습니다. 회사생활을 통해 많이 성장하고 싶은 마음도 크지요. 그리고 다른 사람들의 부탁을 잘 거절하지 못하기 때문에, 요청받은 일들을 잘 받는 편입니다. (솔직히 회사에서 제 위치가 그렇게 높지도 않은데, 부탁을 거절한다는 것은 현실적으로 불가능하다구요!) 처리해야 할 일들이 책상 가득히 벌려져 있는 경우가 대부분이다 보니, 한 가지 일을 딱 잡고 집중하기에는 마음이 불편할 때가 많이 있지요. 그런데 제가 어떤 상황인지에 대해, 팀장님은 잘 모르시는 것 같아요. 지금 제가 핸들링하고 있는 일들이 다른 동료들보다 훨씬 많다는 걸요. 제 업무 상황을 민감하게 잘 파악하시는 상사 밑에서 일해보고 싶어요, 정말. 제가 자존심에 상처나는 것을 감수하고, "팀장님, 이 일은 하지 못하겠는데요" 라고 말하기 이전에, 상황을 세심하게 보시고, 각 구성원들마다 합리적으로 형평성 있게 일을 분배해 주셨으면 좋겠어요.

게다가, 저는 일을 하는 속도가 상당히 느린 편입니다. 생각이 많거든요. 예를 들어서 보고서를 써야 하는데, 기간이 5일 정도 된다고 하면요. 3일 정도는 남들이 보기에는 아무 일도 안한다고 생각할 수 있는 모습을 보여요. 이것저것 자료를 찾고 생각하면서 머릿속에서 그림을 그리는 작업이 꽤 오래 걸리거든요. 제가 충분히 이해가 되고, 아이디어를 전개해 나갈 근거들이 완벽하게 마련이 되면, 그때부터 문서 작업을 시작하게 되죠. 사실 이건 잘되었을 때의 얘기고, 제가 잘 이해가 안 되면, 혼자서 고민을 하고 추가적인 정보를 구하는 시간이 더 필요하게 됩니다.

그러다가 어느 정도의 시간이 지나고, 불안함이 엄습해오기 시작하면, 일단 일을 시작합니다. 솔직히 지금 잡은 방향이 맞는지 확신은 없지만, 그냥 제 생각대로 일단은 가는 거죠. 최대한 잡고 있는 일의 완성도를 높여보기 위해 끙끙대며 애를 씁니다. 문제는 그때부터 팀장님의 질문 융단폭격이 시작된다는 겁니다. "이영우씨. 아직도 보고서 작업하고 있어? 아직 멀었어? 어떻게 되고 있어? 언제 보여줄거야? 도대체 언제까지 그거 하나를 잡고 끙끙댈거야?" 그럴 때, 제가 드릴 수 있는 말씀은, "네, 열심히 하고 있습니다" 밖에 없어요. 아직 진행중인 상태에서는 확실한 말씀을 드릴 수 없잖아요. 앞으로 내용이 더 바뀔 수도 있구요. 팀장님은 중간에라도 자꾸 보여달라고 하시지만, 미완성한 결과물을 보여드려봤자, '실력이 형편없다'라는 말밖에 더 듣겠어요? 회사라는게 '나'라는 사람보다는, 내가 만든 보고서를 가지고 평가를 하는 곳인데 말이죠. 중간중간 보고를 하느라 시간을 까먹는 것보다는, 그 시간에 혼자 더 깊이 생각을 많이 해서 완벽한 보고서를 보여드리는 것이 나에 대한 평가도 좋아질 뿐 아니라, 팀장님의 바쁜 시간을 빼앗지 않는 길이기도 하다고 생각합니다.

이렇게까지 나름대로는 생각을 많이 하고 노력을 많이 하는데, 마지막에 결과를 보여드리면 팀장님은 왜 일을 이렇게 하냐고 화를 내십니다. 왜 마감일을 지키지 않았냐, 왜 중간에 의논을 하지 않았냐구요. 참, 어떻게 해야 할지 모르겠습니다."

나에게 보이는 것

A. 나의 의도

① 담당한 일의 quality를 높이고 싶다

남들이 보기에는 별일 아닌 것이라도, 내가 시작한 일에 대해서는 나름대로의 pride가 있다. '이영우가 한 일이야? 그럼 믿을 수 있지. 대강 보고 넘겨도 돼.'라는 이야기를 듣고 싶은 것이 솔직한 내 기대다. 나도 다른 사람들처럼 대충대충 빨리빨리 하려면 할 수 있다. 나라고 왜 편하지 않고 싶겠나. 하지만 자료 서치도 더 많이, 충분히, 더 넓은 범위에서 하게 되면 한 문단이라도 의미있는 내용을 추가할 수 있다. 하나의 문장을 쓰더라도, 하나의 장표를 구성하더라도, 훨씬 더 이해도를 높일 수 있는데 그런 노력을 하지 않고 허접한 자료를 내는 것은 내 자존심에 받아들이기 어렵다.

② 문제 해결능력을 키우고 싶다

주위에서 보면, 무슨 일이 생겨서 잘 모르겠다 싶을 때마다 상사나 선배에게 쪼르르 달려가서 징징대고 울먹울먹대는 친구들이 있다. 솔직히 잘 이해가 되지 않는다. 그러면 그때그때 단시간적인 효과는 있을 것이다. 빨리빨리 일은 처리되겠지. 하지만 그게 자신의 역량을 개발하는 데에는 도움이 될까? 나는 아니라고 생각한다. 시간이 좀 걸리더라도, 답을 찾아나가는 법을 스스로 깨우쳤을 때에만 자신의 자원이 늘어나는게 당연하지 않은가. 그래서 나는 최대한 아무리 어려운 일이라도, 혼자 해결해보는 법을 익히려고 한다. 그리고 안 그래도 바쁜 상사나 선배들의 시간을 빼앗고 싶지 않다. 내가 알아서 일을 잘하면, 그분들에게도 훨씬 더 도움이 될 것 아닌가.

③ 진정한 내 능력을 보여주고, 인정받고 싶다

내가 한 일이 형편없다는 말을 들을 때, 가장 힘들고 받아들이기 어렵다. 아직 완성되지 않은 작품을 보고 비평하는 일은 누구나 할 수 있을 거다. 당연히 아직 미완성인데, 얼마나 비판할 점이 많겠는가. 그래서 중간중간에 선배나 상사와 의논을 하기보다는, 정리된 완성품을 보여드리고, 의견을 듣는 것이 훨씬 더 효율적이고, 내가 가지고 있는 능력을 제대로 보여줄 수 있는 방법이라고 생각한다.

④ **회사에서 꼭 필요한 사람이라는 말을 듣고 싶다**

나도 얄밉다는 이야기를 들을 만큼, 내 밥그릇만 챙기면 편하다는 것을 알고 있다. 하지만 여러 사람들이 함께 생활하는 곳에서, 더구나 낮은 직급인 구성원이 자기 편하자고 주위의 부탁을 거절할 수 있나. 솔직히 다 나에 대한 평가를 한마디씩 할 수 있는 사람들 아닌가. 일을 많이 맡다보면, 어떤 때에는 마감기한을 제대로 지키지 못하기도 하고, 관련 부서들에게 컴플레인을 받을 때도 있다. 하지만 좋은 의도를 가지고 한 행동 아닌가. 그 정도는 이해해줄 거라 생각한다. 주위에서 '역시 이영우씨 밖에 없다' '영우씨 없으면 어떻게 했을지 모르겠다'라는 말을 들으면 뿌듯하다.

B. 나의 행동

① (충분한 시간을 들여서) **완벽한 최종보고를 한다**

스스로 만족할 수 있을 때까지 충분한 시간과 에너지를 들여서, 수준이 높은 성과물을 만드는데 온 힘을 다한다. 팀장님은 중간중간에 어떻게 진행되는지 알고 싶어 하시지만, 확실하지 않은 이야기를 드리면 오히려 혼란을 드릴 것 같으니까 완료한 다음에 보여드리겠다고 말씀드린다. 처음에는 답답해하실 수도 있겠지만, 내 실력에 대한 신뢰가 쌓인 다음에는 오히려 모두에게 편한 방법이라고 생각된다.

② **일을 하는데 있어서, 주위 사람들을 귀찮게 하지 않는다**

내가 맡은 일인데 상사나 선배가 나보다 많이 알고 있으리란 법은 없다. 또 그분들도 나름대로 하고 있는 일이 있는데, 모든 것을 시시콜콜히 물어대면 어떻게 일을 하시겠나. 나도 처음 해보는 일이기 때문에 공부를 해야만 한다. 물론 시행착오를 겪겠지만, 그 과정에서 내 능력을 키워가는 것이기 때문에 불만은 없다.

③ **업무 요청은 최대한 받아들인다**

어떤 사람이든지 자신은 한가한데 다른 사람에게 일을 부탁하는 사람은 없다고 생각한다. 그리고 저 사람이라면 이 일을 해결해주겠지 라는 기대를 하기 때문이 아닌가. 솔직히 인정받고 있다는 증거라고 생각되기도 한다. 다양한 부탁을 받다보면 여러 가지 일을 해볼 수가 있기 때문에, 업무역량을 개발하고 경험이 넓어진다는 즐거움도 있다.

C. 나의 감정

① 억울함

맡은 일을 완벽하게 해내기 위해, 다른 사람들보다 시간과 에너지를 더 많이 투자했다. 상사나 선배들을 귀찮게 하지 않기 위해, 혼자 머리를 싸매고 고민하려고 애썼다. 동료들을 도와주기 위해 바쁜 와중에도 다른 사람들의 일을 도왔다. 그랬더니 돌아온다는 이야기가 칭찬이나 인정은커녕, '왜 그렇게 느려터졌냐' '왜 너 혼자 마음대로 하려고 하냐'라니, 기가 막히고 억울하다.

② 막막함

내가 한 일이 이렇게 부정적인 평가를 받을 일인가 라는 생각도 들고, 도대체 어떻게 하는 것이 회사 생활을 잘하는 건가 하는 막막함이 밀려온다. 이럴 거면 뭐하러 열심히 하나 하는 생각도 든다. 대충대충, 설렁설렁, 이래도 흥 저래도 흥 하는 동료들은, 오히려 요령있게 회사 생활을 잘하고 있는 것 같다. 내가 이때까지 가지고 있었던 가치관이라는 것이 그렇게 잘못된 것인가 하는 생각이 들어서, 어떻게 살아야 할지 잘 모르겠다는 허무감까지 든다.

③ 섭섭함

팀장님은 나랑 하루 이틀 같이 일해 본 것도 아니고, 조직 경험도 많으시니 나와 같은 스타일의 사람과는 어떻게 일하는 것이 좋을지 알고 계실 거라 기대했는데, 무조건 부정적인 반응만 나타내시니 정말 섭섭함이 한이 없다. 어떻게 하는 것이 좋을지에 대해 조언을 해주시거나 코칭을 해주시는 것도 아니고, 질문 폭탄을 던지시고, 빨리 하라고 채근만 하시고, 열심히 한 것에 대해서는 비난만 해대시고. 나를 이렇게까지 알아주지 않는 사람과 같이 계속 일을 해야 하나 하는 자괴감까지 든다.

나에게 보이지 않는 것: 다른 사람의 오해

① 무슨 생각을 하고 있는지 알 수가 없다

하루 종일 무엇인가는 하고 있는 것 같지만, 어떻게 진행되고 있는지 알 수 없는 상사의 입장에서는 궁금하고 답답하기가 그지 없다. 일을 진행하면서 서로가 명확하게 일에 대한 이해를 했다고 생각했는데, 정반대의 결과물이 나오는 경우가 있기 때문이다. 항상 열심히 해 보겠다고 끌어안고는 있는데 어떻게 돌아가고 있는지는 알 수 없고, 자꾸 묻자니 부담을 주는 것 같다. 차라리 무엇이 어렵다고 터놓고 이야기를 하면 더 원활한 업무진행을 할 수 있을 것 같고 뭔가 도와줄 수도 있을 것 같은데, 옆에 다가가서 말이라도 걸려고 하면, 너무 부담스러워 하는 것 같아서 꺼려진다. 어차피 그 일에 대한 최종 책임은 내가 져야 하는 거고, 그 친구에 대한 육성도 내가 책임져야 하는 건데, 왜 그렇게 모든 것을 혼자 하려고만 하는지 답답하다.

② 뒤통수를 맞는 듯한 느낌이다

상사 입장에서는 같이 일을 하기 쉬운 부하직원이란, 물어보지 않아도 일의 진행상황에 대해 미리미리 중간보고를 해주고, 실수하기 쉬운 상황을 미리 예방하고 준비할 수 있도록 해주는 사람이다. 그런데 이영우씨의 경우를 보면, 중간에 어떻게 되어 가고 있냐고 물어봐도 절대 중간과정은 보여주지 않고, "잘돼가고 있습니다, 열심히 하고 있습니다"라고만 대답한다. 그렇다고 "빨리 보여주지 못해?"라고 가로채서 볼 수도 없으니 믿고 기다릴 수밖에 없다. 어떤 때는 답답하고 초조하고 불안하고, 무기력해지기까지 하다. '잘 나오겠지' 하고 스스로를 위로하며 기다리다가 막상 결과물을 보면, 이건 중간에서부터 방향수립이 잘못된 경우가 있다. 그러면 정말 화가 머리끝까지 치솟는다. "이럴까봐 내가 중간에 보여달라고 했잖아!"라고 소리를 질러버리고 싶다. 설마 그런 것은 아니겠지만, 나한테 물 먹이려고 이러나 싶기도 하다. 마감일은 내일모레인데, 이제부터 새로 다시 할 생각을 하니 기가 막히다.

3. 피드백에서의 오해

"회사에 취직하면, 아마 이런 생활을 하게 될 거야. 상사는 이런 사람이었으면 좋겠고, 선배들은 어떤 사람들을 만났으면 좋겠고, 나는 이 회사에서 이렇게 커나가겠지?"라는 바람과 생각을 누구나 가지고 있을 것이다. 텔레비전에서 방영해 주는 '리더의 조건', '행복의 리더십'과 같은 다큐멘터리를 보면, 실력이 좋은 데다가 이성적이고 합리적인 태도를 가진 상사가 열과 성을 다해서 부하직원을 배려하고, 하나라도 더 가르쳐주려고 애쓰며, 같이 일하는 구성원들을 지금보다 더 훌륭한 인재로 성장시켜주려고 노력하는 아름다운 모습들이 많이 나온다. 윤태호 작가의 웹툰 '미생'을 보아도 장그래씨의 낯선 조직에서의 분투기를 조력하기 위해 과장님과 차장님들이 마음속에 콕콕 박히는, 무게감 있는 말씀들을 많이 해주시는 것을 볼 수 있다. 하지만 안타깝게도 내가 처한 현실은 그와는 많이 달라서 슬프고 화나고 짜증이 난다. 회사생활 중 상사나 선배의 피드백을 받는 부분에 있어서, 내 주위의 또래들이 회사에서 겪는 이야기들을 오윤진씨로부터 들어보도록 하자.

오해받는 상황

• **오윤진**(31세 / 2년차 직장인)

"제가 가진 인생 목표는요, '어제'와 '오늘'과 '내일'이 달라지도록, 더욱 더 발전하도록 하자입니다. 즉 하루하루 새로워지고, 어제보다 오늘, 오늘보다 내일 더 능력있고 실력을 갖춘 사람이 되고 싶다는 거죠. 그러다보니 대학을 다니면서도 저를 키워줄 수 있는 분들과 좋은 관계를 맺는 것에 관심이 많았었습니다. 다행히 저희 지도교수님은 해당 분야에서 전문가로서 이름이 높으신 분이어서 배울 것이 정말 많았구요, 조교를 맡고 있었던 대학원 선배도 공부 욕심이 많은 사람이라 따라다니면서 기웃댈 것이 참 많아서 좋았었습니다.

그런 제가 회사에 들어왔다면, 당연히 누굴 바라보겠습니까. 조금 멀게는 팀장님을 쳐다봤고, 가까이는 직속 사수인 대리님을 쳐다봤지요. 저는 상사란, 이렇게 이야기하면 좀 그럴지도 모르겠지만, 상사의 역할을 제대로 하시는 분이시라면 '나를 키워주고 내가 겪는 문제들을 해결해줘야 하는 사람'이어야 한다고 생각하거든요. 교수님이나 조교선배에게 궁금한 것들을 물어봤듯이, 쫓아다니면서 질문도 하고, 하시는 일을 구경도 할 기대가 많았습니다. 그런데, 영 생각한 거랑은 다르시더라구요.

우선 제가 그분들에게 받았던 것은 '지시! 지시! 지시!'의 폭탄과 같은 맹공격뿐이었습니다.

이건 좀 불공평한 거 아닙니까? 물론 회사라는 조직체계 안에서 지금 제 위치는 제일 바닥이구요. 우리끼리 하는 말로는, 그야말로 따까리 나부랭이라는 거 압니다. 하지만 제가 무슨 머슴입니까, 하인입니까. 부하직원이 머슴과 다른 점이라면, 그 과정을 통해 이 사람을 키우겠다는 의지가 상사에게 있어야 하는 거 아니냐구요.

정말 탁 까놓고 말해서, 회사 생활을 한 1년 반 동안, 제 상사와 선배들에게 그런 의지는 병아리 눈물만큼도 보이지 않았습니다. 제가 기억하는 회사 생활은 "이거 해!" "이게 뭐야!" 이 두 마디로 요약될 수 있을 것 같습니다. 솔직히 저 이때까지 30년 동안 살면서 머리가 나쁘다거나 일을 못한다거나, 이해력이 떨어진다거나 하는 이야기는 들어본 적 없습니다. 그런데 회사에 들어온 다음부터는 자존감이 확 떨어지는 것 같아요. 저는 분명히 열심히 일했습니다. 지시받은 것 이상으로 일을 하려고 애쓰는 편이에요. 그러면서 저는 팀장님이나 과장님들이 저의 노력에 대해 인정도 해주시고, 어떤 면에 대해 어떻게 개발하거나 보완하면 좋겠다는 조언을 주시기를 기대했었습니다. 입 다물고 있었던 거 아닙니다. 제가 애썼던 거에 대해 이야기하면서 은근히 어필도 했고, 그러면서 이런건 어떻게 하면 좋을까요? 제가 어떻게 변하면 더 좋을 것 같으세요? 라는 질문도 가끔씩 드리곤 했습니다.

그런데, 뭐 피드백이라는 것은 이때까지 받아본 기억이 없네요. "야, 이건 별로다" "이걸 기획안이라고 쓴 거냐? 너 이거 붙들고 거의 3~4일을 보냈는데, 참....." "내가 말한 건 이런 게 아니었는데? 됐어. 윤 과장~, 이리 와 봐. 이거 윤 과장이 다시 해야겠다." 정말 이런 상황에서는 어떤 표정을 짓고 어떻게 반응을 해야 할지를 모르겠어요. 뭐 썩은 감 씹은 얼굴을 안 하려고 하지만, 안 나타날 수가 없을 거에요. 제가 드리는 질문에는 바쁘다며 대꾸를 안 하시기 일쑤였구요, '네가 알아서 잘 해야지, 임마! 내가 하나하나 다 가르쳐주려면, 그냥 내가 하지, 너를 왜 시키겠냐?' 이런 투박을 받기 일쑤였습니다.

이런 상황에서 제가 회사 생활 할 맛이 날 리가 있겠습니까. '나를 키워줄 생각도 없는 회사에 다닐 필요가 있을까, 목구멍이 포도청이니까 이 회사 다니는 거지', '다녀봤자 매일매일 다람쥐 쳇바퀴 도는 삶을 벗어나지 못할 텐데'라는 생각이 요새 자꾸 들고 있어요. 대학 다닐 때, 취직한지 2–3년된 선배들을 만나면, 소주를 들이부으면서 회사 옮기고 싶다는 이야기를 하는 것을 잘 이해할 수가 없었습니다. 그런데 막상 제가 2년차가 되고 보니, 그 마음이 절절하게 이해가 갑니다.

솔직히 말씀드리면, 요새는 상당히 적극적으로 구인구직 사이트에 이력서를 올리고 있습니다. 야근도 되도록 안하려고 하고, 저녁마다 여기저기에서 일하고 있는 동기나 선배들을 만나서 일자리를 알아보고 있는 중이죠. 제 앞에 놓인 미래가 흐릿하고 어둡게만 보이는 이런 회사에서 더 이상 있을 의미는 없을 듯 합니다. 어중간하게 버티고 있다가는 정말 갈 데가 없어지는 상황이 될 것 같아서, 6개월 정도 내에 결단을 내리려고 합니다."

나에게 보이는 것

A. 나의 의도

① 성장하고 싶다

이 회사에 내가 들어온 이유는, 누군가에게 하염없이 희생하고 봉사하기 위해서가 아니다. 물론 한 사람의 사회 구성원으로서 성실히 일한다는 것은 작게는 우리 회사, 크게는 우리 나라, 아주 크게는 전 세계에 좋은 영향을 주는 일이겠지만, 나는 이 회사에서 자기실현도 하고 싶고, 경제적으로 자립도 하고 싶고, 내가 원하는 삶을 살 수 있는 심리적/물리적 자원들을 얻고 싶다. 회사라는 곳은 모여서 취미활동을 하는 동아리가 아니지 않나. 그러려면 내가 필요한 것에 대해 적극적으로 어필을 해야 하고, 상사와 선배들이 쌓아온 노하우를 많이 배워야 한다고 생각한다. 효율적으로 조력을 받게 된다면, 나는 분명히 좋은 방향으로 커 나갈 수 있을 거다.

② 존중받고 싶다

사람이 행복한 인생을 살아가기 위해서는, 자신이 스스로를 존중할 수 있어야 할 것이고, 주위 사람들에게 충분한 가치를 가지고 있는 사람이라는 존중을 받을 필요도 있다. 또한 회사에서 나를 필요로 한다는 느낌도 갖고 싶다. '앞으로 중요한 일을 할 만한 사람이다', '자신에게 맡겨진 일을 성실하게 열심히 수행하는 사람이다'라는 평가를 듣고 싶다. 아직 인생을 살아온 기간과 경험이 짧지만, 나름대로의 생각이 있고 감정이 있다는 것을 존중받고 싶다.

③ 솔직하고 싶다

상사에게 잘 보이기 위해서 눈가리고 아웅 하는 식으로 립서비스를 해봤자, 나한테 돌아오는 이익은 전혀 없다고 생각된다. 세상에는 정말 다양한 종류의 사람들이 함께 존재하기 때문에, 서로가 솔직한 생각과 마음을 나누면서, 더욱 더 발전해나갈 수 있다고 믿는다. 매일매일 가족보다 더 많은 시간을 같이 보내는 회사 동료인데, 내가 느끼는 감정을 모두 다 숨기고 가식적으로 행동하는 것이 좋겠는가? 당장은 상대방이 좀 불편하게 느끼더라도, 서로서로 어떤 감정을 가지고 있는지를 정확하게 아는 것이 더 좋다고 생각된다.

B. 나의 행동

① 나의 강점을 보여준다

나는 이만큼 좋은 자원을 가지고 있다는 것을 상사나 선배들에게 보여드리려고 노력했다. 아무 말 안하고 있으면서, 누가 인정해주기만을 기다린다는 것은 너무 이기적인 것 아닌가. 그 강점을 기반으로 해서, 나의 약점을 보완한다면 훨씬 더 훌륭한 인재가 될 수 있다는 것을 어필하려고 했다. 요즘과 같은 경쟁사회에서, 스스로의 가치를 증명할 수 있는 사람이 현명한 사람이라고 판단했다.

② 적극적으로 내 주장을 한다

말을 할 수 있는 기회가 되었을 때, 입을 다물고 있는 것만큼 바보 같은 일은 없다고 생각하기 때문에, 내 생각과 의견을 말로 표현했다. 또한 상사가 말을 하라고 요구하는 상황에서, 수줍거나 두렵다고 입 다물면 바로 찍혀버릴 것이다. 괜히 설명한답시고 중언부언해봤자 오해만 더 늘어날 테니, 짧고 간결하게 핵심적인 사항만 이야기하려 했다.

③ (이것이 아니라면) 다른 길을 찾는다

지금 내가 가고 있는 길이 내 자신에게 도움이 되지 않는다고 판단되면, 신속하게 움직이는 것이 좋다. 혹시 내가 직급이 높다거나, 특별히 이 회사에서 나 이외에는 할 수 없는 일을 하고 있다면 모를까, 지금과 같이 경력이 많지 않고 어릴 때라면 빨리 나에게 꼭 맞는 환경을 찾는 것도 좋은 방법이라고 생각된다. 젊었을 때의 방황은 돈 주고도 산다고 했다. 아직 젊을 때, 여러 곳을 경험해보면서, 내가 적성을 가지고 있는 분야를 찾는 것은 의미있는 일이라고 생각된다. 아직 내가 모르는 세상에는, 나를 받아주고 나를 키워줄 사람들이 있지 않을까 하는 기대를 하고 있다.

C. 나의 감정

① 억울함

말하라고 해서 말했는데 무시받고 태클받고 무안당할 때 느껴지는 억울함이란 정말 말로 다할 수가 없다. 나름 나도 열심히 노력하고 있었단 말이다. 그런데 내가 가지고 있었던 좋은 의도나 생각, 열정을 가지고 있었던 마음은 전혀 알아주지 않고, 결과만 가지고 평가받는 상황을 경험하는 것은 정말 억울하다. 내가 뭘 그렇게 잘못했는지 모르겠다.

② 분노감

내가 원하는 것이 이루어지지 않는 일이 반복되고 지속되다 보니, 이 세상이 나를 밀어내고 있는 것 같은 화가 솟구친다. 평소 같으면 허허 웃고 지나칠만한 작은 일에도 짜증을 내게 되고, 공격적인 발언을 일삼게 된다.

③ 수치심

다른 사람에게 거부당했다고 느끼고, 왠지 조롱받았다는 느낌도 있으며, 경멸당했다는 생각이 들며, 다른 사람으로부터 존중받지 못했다는 생각이 들면, 수치스러움이 몰려온다. 스스로의 가치가 땅으로 떨어졌다는 생각에 당혹스럽고, 때로는 굴욕감까지 느껴진다.

④ 좌절감

내가 아무리 노력해봤자 변할 것이 없다고 생각이 되면, 정말 앞이 캄캄해지는 좌절감이 몰려온다. 지금의 내 위치를 보았을 때, 내가 이 환경을 바꿀 수 있을만한 가능성은 전혀 없다고 생각된다. 앞으로 생길 어려운 일을 참아내고 버텨낼 수 있는 힘과 에너지 수준이 바닥으로 떨어진다. 기운이 빠진다. 주저앉고만 싶다. 아니, 그냥 지금의 이 자리를 떠나고만 싶다.

나에게 보이지 않는 것: 다른 사람의 오해

① 인내심이 부족하다

신입 시절은 원래 힘든 시기다. 앞은 잘 안 보이는데 지금 해야 할 일은 많고, 그런데 뭘 어떻게 해야 할지는 잘 모르겠는 버거운 시기라고 할 수 있다. 하지만 앞으로 나아가기 위해서는, 지금의 어려움을 현명하게 이겨내는 것이 정말 필요하다. 내가 원하는 일을 해내기 위한 기반 다지기 작업이랄까. 그런데 어려움이 생겼다고 해서, 그 문제를 직접 해결하기보다는 부서를 옮기거나 직무 전환을 하거나, 회사를 옮기는 등의 방법으로 회피하는 것은 스스로에게 손해다. 앞으로 직급이 높아지더라도, 시간과 에너지와 노력을 투자해서 해결해야만 하는 어려운 일은 계속해서 일어날 텐데, 힘들다고 해서 도망가는 행동을 하게 되면, 스트레스에 대한 내공을 쌓을 수가 없게 될 것 같아 염려가 된다. 요새 젊은 친구들은 인내심이 부족한 것 같아 걱정이다.

② 적극성이 부족하다

경험이 적기 때문에 당연히 모르는 것이 많다. 다 알고 있는 사람이 오히려 이상한 거다. 하지만 어떻게 하면 문제를 해결할 것인지에 대해 보다 적극적인 태도가 필요하다고 생각된다. 상사가 가르쳐줘야 알 수 있다, 선배가 어떻게 하는지를 보여줘야만 알 수 있다고 생각하는 듯해서, 적극성이 부족하다고 보여진다.

③ 표현력이 부족하다

말을 했다는 사실이 문제가 아니다. 말을 어떻게 하느냐가 더 문제가 되는 것 같다. 어떻게 이야기를 해야만 상대방에게 더 이해가 잘 되고, 더 수용이 잘 될 것인가를 생각했으면 좋겠는데, 지금은 그냥 머리에 떠오르는 대로 말을 던지는 듯한 느낌이 든다. 그러다보니 예의가 없어 보이기도 하고, 상대방을 무시하는 듯한 느낌도 든다. 우리나라 사회에서는 연장자를 존중하는 문화가 옛날부터 있고, 그 문화는 아직도 존재하고 있다. 그런데 표현이 적절하지 못하다보니, 상대방을 존중하지 않는 듯한 느낌이 든다. 솔직함과 무례함은 다르다고 생각된다.

④ 감정관리가 부족하다

여러 사람이 같이 어울려 일하는 조직에서는, 자신의 감정을 있는 그대로 드러내는 것이 오히려 본인에게 마이너스가 되는 경우가 많다. 화가 났다고 해서 있는 그대로 감정을 표현하고, 울컥 했다고 해서 울음을 터뜨리는 모습을 보면, 아직 세련되지 않고 다소 거친 상태에 있다는 생각이 든다. 어리다는 생각도 들고, '여기가 집이나 학교인줄 아나' 하는 생각이 들기도 한다. '이건 뭐 부모나 학교 선배에게 투정부리는 건가' 하는 마음이 들 때도 있다. 공적인 상황과 사적인 상황은 분리할 필요가 있다고 생각된다.

4. 근무태도에서의 오해

"홍주임은 도대체 태도가 왜 그 모양이지?" "최대리는 아무래도 attitude에 문제가 있는 것 같아." 회사에 들어오기 전에는 한번도 못 들어봤던 말을, 요새 상사나 선배들로부터 종종 듣고 있다. 도대체 태도라는 게 뭐지? 딱히 손에 잡히는 것도 아니고, 분명하게 설명을 해주는 것도 아니라서 잘 모르겠는데? 참 이해하기가 어렵다. 그런데 왠지 일을 못한다는 말을 듣는 것 이상으로 기분이 나쁘다. 계속 머리 속에 남아서 입맛을 씁쓸하게 만들기도 하고 말이야. 뭘 어떻게 하라는 걸까? 그 이유는 무엇일까? 이러한 질문에 대한 답을 찾기 위해, 회사생활을 하는데 있어서 태도에 대해 지적하는 상사/선배들에게 불편감을 느껴봤던 정민혁씨에게 먼저 이야기를 들어보도록 하자.

오해받는 상황

• **정민혁**(30세 / 1년차 직장인)

"제가 지금까지 인생을 잘못 살았던 걸까요? 30년 정도를 살면서, 생전 처음 들어보는 말을 요새 많이 듣고 있습니다. 친구들 사이에서나, 학교 선배들에게나, 연합동아리 임원진을 할 때를 뒤돌아보면, 일처리 명확하고 깔끔하다는 말을 많이 듣는 편이었습니다. 뭔가 문제가 생기거나 갈등이 생겨도 합리적이고 이성적으로 대처하는 편이어서, 함께 일하기 편하다는 이야기를 들었었구요.

그런데 회사에 들어온 지 1년 남짓 되는 기간 동안 제일 많이 들었던 이야기는 '자기 실속만 차리려고 한다'는 거였어요. 사실 우리가 회사를 다닌다는 것은 나름대로의 목적이 있어서 다니는 거잖아요. 저 같은 경우에는, 나중에 제 사업체를 가지고 싶다는 인생의 큰 꿈이 이 있기 때문에 이 회사에 들어온 거거든요. 큰 조직도 경험해보고 싶었고, 나중에 어떤 아이템을 가지고 사업을 할 수 있을까 찾고도 싶었구요. 뭐, 어떻게 생각하면 이런 생각 자체가 '실속을 차리는 거' 맞겠지요? 하지만, 그게 잘못된 것인가요? 그럼 상사나 선배들은 이 사회의 정의실현을 위해, 세계 평화를 위해 회사를 다니는 거 아니잖아요. 그런데 왜 저한테만 뭐라고 하는지 알 수가 없어요.

어떤 때 주로 그런 얘기를 들었냐구요? 음..... 뭐 이런 거 있잖아요. 업무배분을 하는데 있어서 이왕이면 내가 했다는 것이 밖으로 잘 드러나는 일을 하려고 하는 거. 솔직히 제 경력을 쌓는데 도움이 될 만한 업무가 있을 때에는 적극적으로 자원하는 편이에요. 선배들에게 대놓고 그 일을 할 수 있도록 줄을 대달라고 하기도 하지요. 저도 알아요. 하나의 조직이 돌아가기 위해서는 겉으로 노력한 것이 잘 보이는 일도 있어야 하고, 열심히 해도 잘 빛이 나지 않는 일도 있어야 한다는 걸 말이에요. 하지만 특히 저와 같이 경력관리를 잘해야 하는 사람은 업무 관리에 있어서도 신경을 써야 하거든요. 솔직히 이렇게 말하기는 좀 그렇지만, 하루하루 벌어 먹고 사는 거 이외에는 회사 다니는데 있어서 큰 의미를 두지 않는 친구들한테는 무슨 일을 하더라도 별 상관없는 일 아니겠어요? 저같이 이력서의 한칸 한칸 채우는데 있어서도 어떤 내용을 집어넣을 수 있을까 하고 신경을 쓰는 사람이 아니라면요.

저는 고등학교 때부터 앞으로 제 삶을 어떻게 꾸려나갈지에 대해 로드맵을 세우려고 애를 썼던 편이었어요. 뭐, 대단한 건 아니에요. 제 주위에도 그렇게 하는 사람들 많아요. 그 계획에 따라 사는 사람이 되려고 애쓰는 것뿐이죠 뭐. 어쨌든 그러다보니, 제가 생각하는 이상적인 삶에 비추어보았을 때 '이건 아니다'라고 생각되는 일에는 좀 명확하게 이야기를 하는 편이에요.

최근에 있었던 일을 말씀드려 볼까요? 입사한지 6개월쯤 되었을 때, 다른 팀 사람들과 함께 하는 TFT에 참여하게 되었어요. 업무과정을 진행하다보니까 계획했던 것보다 제가 일을 좀 많이 하게 됐어요. 뭐 일 욕심이 있어서기도 했고요, 제가 관심있는 분야이기도 했고요. 선배들도 저한테 일을 많이 맡겨 주시더라구요. 그런데 결과보고서가 나온 걸 보니까, 제 이름이 거의 언급이 안 되었더라구요. 혹시 실수가 있었나 싶어서 선배에게 슬쩍 물어보니까, 막내들은 원래 보고서에 이름이 들어가지 않는다는 거에요. 이건 뭔가요? 너무 불공정한 거 아닌가요? 그럼 일을 시키지 말았어야지요! 와,

정말 그 이야기를 듣는데 표정관리가 안 되는 거에요. 선배도 아마 느꼈을 걸요? 제가 기분 더러워한다는 걸요. 좀 있다가, 과장님께 이건 너무한 거 아니냐고 했더니, '어린 놈이 벌써부터 그렇게 이름 넣으려고 하면 위에서 안 예쁘게 본다'고 한 마디 하시더군요. 어린 놈은 그냥 참으라는 건가요?

아, 또 한가지 일도 생각나는 게 있어요. 저희 팀이 얼마 전에 같은 본부에 있는 옆 팀의 사업에 지원을 나간 적이 있어요. 현장에서 홍보를 하는 것이었는데, 솔직히 그 일을 해야 한다는 건 좀 짜증나기는 했어요. 지금 해야 하는 일도 산더미였는데, 남의 일까지 끌어와서 해야 한다는 게 좀 그렇잖아요. 하지만 뭐, 때마다 불평하는 투덜이로 찍히는 것도 그러니까 별 소리 안했어요. 그런데 현장 홍보를 나가야 하는 일정표를 가만히 보니까 제가 다른 동기들보다 이틀이나 더 많더라구요. 순간 화가 치솟는 거에요. 내 일도 아니고, 남 일 대신 해줘야 하는데 내가 만만하게 보이나~ 싶었던 거죠.

일정표를 작성한 대리님에게 가서 따졌어요. "왜 저만 이틀이나 더 많죠? 우리 팀 사람들도 다 이틀씩밖에 안하는데요. 저만 나흘이나 하잖아요." 대리님이 기가 막히다는 얼굴로 쳐다보면서 "야! 그래서 어떡할 건데? 나를 죽일래? 이 자식, 완전히 핏대 세우는 거 봐? 싸가지 없는 XX. 니네 팀 사람들은 다른 일을 해야 해서, 그 날짜밖에 못 나온다고 부장님이 말씀하셔서 그렇게 했다. 그래도 너는 홍보에 능력이 있는 것 같다고 해서 특별히 빌려주시겠다고 해서 그렇게 했는데, 뭚어?" 아니, 그러면 부장님은 저한테 먼저 얘기를 하시지, 저만 죽일 놈 됐잖아요. 내 참."

나에게 보이는 것

A. 나의 의도

① 회사를 다니는 내 본 목적을 위해 움직이고 싶다

솔직히 말해서 회사에는 돈 벌러 나오는 거라고 생각한다. 금전적인 돈도 벌고, 업무를 하는데서 얻는 노하우도 벌러 오는 거다. 경험을 벌러 온다고 할 수도 있을 것 같다. 그래서 나는 내 목적을 위해 도움이 되는 행동을 했고, 목적에 도움이 되지 않는 행동은 되도록 하지 않으려 했다. 당연하지 않은가. 나에게 주어진 시간은 한정이 되어 있다. 그 시간 안에 최대한 내게 도움이 되는 경험들을 많이 해야, 내가 원하는 방향으로 더 가까이 가게 될테니 말이다. 즉, 내 밥그릇은 내가 알아서 챙기는 거다. 착하게 보이려고 뒤에서 뭉기적거리고 있어봤자, 나를 챙겨주는 사람이 있을까? 회사는 정글이자 전쟁터다. 그런데 상사분들은 가끔 회사를 봉사 동아리로 생각하라고 강요할 때가 있는 것 같다. 본인들도 회사를 다니는 이유는 자신만의 목표가 있기 때문일 것이고, 그것이 대개 금전적인 보상이나 커리어 관리 아닌가. 그런데 왜 나에게만 "손해를 봐라, 희생을 해라"라고 말하는지 이해할 수가 없다.

② 개인적인 시간을 가지고 싶다

같은 회사에서 같은 팀에 근무한다고, 24시간 같이 있어야 하는 것은 아니라고 생각한다. 함께 해야 하는 일은 물론 같이 해야 하지만, 그렇지 않아도 되는 시간에는 나름대로의 돌파구를 찾는 일을 하면서 스트레스도 해소하고, 에너지도 충전해야 하는 거 아닌가. 왜 꼭 집단으로 우르르 몰려다녀야 할까? 우리나라는 공산주의 집단농장이 아니다. 시간 되는 사람이 모이는 게 회식이지, 모두 다 참여해야 한다면, 그건 회식이 아니라 업무 활동 아닌가. 회식 시간까지 야근수당을 챙겨준다면 그건 또 모를 일이지만. 회식을 하거나 점심식사를 같이 하는 이유가 팀웍의 강화라면, 싫어하는 사람을 억지로 잡아당기는 것의 부작용을 생각했으면 좋겠다. 오히려 반발심만 생기고, 팀웍이 더 없어지는 것 같다. 선배들도 보면, 자신들이 먹고 싶은 메뉴가 따로 있는데도, 부장님이 설렁탕 먹으러 가자고 하면 줄줄줄 따라간다. 이게 무슨 60년대인가, 70년대인가. 일본 얘기를 들어봤더니, 거기는 출장 갈 때도 각자 편하게 가기 위해 비행기나 기차표를 따로 끊어서 간다고 한다. 뭐 일본이 모든 게 좋다는 건 아니지만, 그건 합리적이고 좋은 것 같다. 좋은 건 좀 받아들이자는 말이다.

③ 내가 있어야 회사도 있는 거라고 생각한다

성실하다는 것은 물론 좋은 거라고 생각한다. 같이 일하는 사람들 중에서 누군가 게으름을 피운다거나, 농땡이를 피운다고 생각하면 나도 열받으니까. 하지만 내 몸이 힘들고 컨디션이 좋지 않은데, 무리를 해서까지 회사에 꼭 나가야 한다고는 생각하지 않는다. 회사라는 것도 결국 사람이 모여 있는 곳인데, 그렇게까지 빡빡하게 굴 건 없지 않나. 서로 힘들고 어려울 때는 사정도 봐주고 그래야 인간미도 있는 거지. 그리고 가장 중요한 것은 이거다. 일을 제대로 하면 되지 않나. 회사라는 데가 출퇴근 정시에 하려고 나오는 데는 아니라고 생각한다. 내게 맡겨진 일을 차질없이 해내고, 다른 사람들한테 피해를 주지 않으면 되는 거라고 믿는다.

④ 만만하게 보이고 싶지 않다

해야 할 말이 있으면 똑똑하게 하는 사람이라는 인상을 주고 싶었다. 사회라는 것이 좀 그런 것이 있지 않나. 처음 만났을 때, 상대방의 간을 보는 거 말이다. 이 사람이 어떤 사람인가, 좀 순순한 사람인가 아닌가, 내가 필요할 때 편하게 쓸 수 있는 사람인가 아니면 좀 까칠한 사람인가. 이때 '영~ 만만하구만'이라는 인상을 주게 되면, 그때부터의 회사 생활은 맛이 가는 거라고 생각된다. 따라서 불합리한 일을 당했을 때에는 한층 더 내 입장을 어필하려고 했다. 그렇지 않으면 그냥 밟아도 되는 애라고 생각할 테니까 말이다.

B. 나의 행동

① 내 밥그릇을 잘 챙기기 위한 노력을 한다

내가 회사생활 하는데, 그리고 내가 좋은 경험을 쌓을 수 있도록 하는데 도움이 된다고 생각하면, 적극적으로 나서서 기회를 얻으려고 노력했다. 기존의 관행으로 보았을 때 현재 내 직급에서는 별로 참여했던 적이 없다고 하더라도, 용기를 내어 손을 들고 하고 싶다는 의견을 피력했다. 어떤 부분에 있어서는 아직 내가 좀 자신이 없거나 경험이 없는 면도 있었지만, 일단은 머리에 떠오르는 대로 열심히 이야기를 했다. 부족한 부분은 시간이 지나감에 따라 보완될 것 아닌가. 불합리한 대우를 받았을 때에도, 내가 어떤 것을 불편하게 느끼고 있는지를 어필하려고 했다. 우는 애한테 떡 하나 더 준다고 하는 말이 맞다고 생각한다. 아무 말 안하고 있는 것은, 그야말로 감나무 아래 누워서 감 떨어지기를 기다리는 꼴이다.

② Work & Life Balance를 위한 노력을 한다

초등학생과 같이 원그래프를 그려서 생활계획표를 짜 보았을 때, 가능한 한 다양한 활동들이 고르게 들어가 있도록 노력했다. 우리 부모세대들과 같이 삶을 사는데 있어서 회사를 빼면 남는게 5% 정도의 작은 파이 조각밖에 없는 상태로 만들고 싶지 않았다. 그래서 최대한 회사생활과 개인생활의 균형을 맞추려고 계속 신경을 썼다. 출근 시간 전과 점심시간, 퇴근 시간 후를 유연하게 활용하면서, 회사 생활 이외에도 나를 풍요롭게 만들어줄 수 있는 활동들을 많이

계획했다. 출근 전에는 수영과 명상을 배치해 놓았고, 점심시간에는 동기들과의 동호회 활동, 퇴근 후에는 외국어 학원을 가거나 선후배들과의 네트워크를 쌓는 일들을 하려고 했다. 그러다보니, 당장 꼭 해야 할 일이 아닌 경우에는 선배나 상사가 일을 하고 있다고 해서 불필요하게 같이 야근을 한다거나, 내 일이 아닌 일을 도와주거나 할 만한 시간은 별로 남지 않았다.

③ 융통성 있게 컨디션을 관리한다

몸이 많이 힘들어서 오늘은 도저히 일을 못 하겠다는 생각이 들었을 때에는, 무리해서 출근을 하려고 하지 않았다. 머리도 아프고 속도 아프고, 이 상태로 회사에 나가봤자 일을 제대로 할 리가 없고 그 다음날까지 컨디션이 엉망이 될 게 뻔한데, 차라리 그날은 그냥 쉬었고 다음 날부터 열심히 일했다. 또 아침에 조금 더 자는 게 차라리 오후의 컨디션을 회복하는 데 도움이 된다고 생각하면, 기를 쓰고 새벽에 일어나는 것보다는 30분이나 1시간이라도 더 자고, 그래도 조금이라도 더 나아진 얼굴로 가서 일하곤 했다. 그러한 내 계획에 대해, 함께 일하고 있는 동료들이라면 이해할 거라 생각했고, 특별히 먼저 문자를 보내거나 전화를 하지는 않았다. 회사에 가서 이야기하면 별 문제없이 넘어갈 거라고 생각했다.

C. 나의 감정

① 귀찮음

내가 경험이 많지 않고 나이가 어리다고 해서 머릿속에 아무것도 안 들어 있는 건 아니다. 그런데 뭘 모르는 애가 나서서 자기 밥그릇만 챙긴다고 야단치면, 짜증도 나고 귀찮기까지 하다. 나도 다 생각을 하고 움직이고 있는 건데 말이지.

② 반항심

상사면 상사지, 사람에 대해 그렇게까지 마음대로 오해를 해도 되는지 모르겠다. 내버려 두면 다 알아서 잘한다고. 그러다보니 오기도 생긴다. 그런다고 내가 시키는 대로 또박또박 시간 지키면서 출근하는지 보라지. 솔직히 상사들도 늦을 때 있잖아. 나한테 뭐라 그럴거면 자기네들도 절대 지각하거나 결근하는 거 없어야 할 거 아닌가. 저번에도 봤는데, 팀장님이나 과장님, 대리님들도 다 지각하시더구만. 그런데 왜 나만 타겟으로 삼아서 뭐라고 하는지 모르겠다.

③ 실망감

내가 생각하는 관리자/리더의 상을 떠올려보면, 거시적인 시각을 가지고 앞으로 우리가 나아가야 할 방향을 제시해주는 사람이다. 그런데 지각하지 마라, 휴가 쓰려면 미리 연락해라 이런 아주 작은 것 까지 상사가 간섭하고 잔소리하는 것을 보면, 솔직히 좀 실망스럽다. 당장 우리 부서가 회사에서 인정을 받고 중요한 프로젝트를 성공적으로 완료하기 위해서는, 이런 작은 일에 신경을 쓸 시간이 있을까 싶다. 솔직히 좀 쪼잔하다는 생각도 들고, 이 정도 그릇밖에 안 되는 분인가 싶어 실망감이 든다.

나에게 보이지 않는 것: 다른 사람의 오해

① 조직에 대한 로열티가 없다

우리나라는 서구의 나라들과 조직문화라는 것이 다르다는 것을 인정할 필요가 있다. 한국 조직에서는 구성원들에게 회사에 대해 다소 올인하는 태도를 가질 것을 기대한다. 그런데 연봉계약서에 '9시부터 6시까지' 일하기로 되어 있으니까, 그 외에는 개인 시간을 보내는 것에 간섭하지 말라고 하는 것은 우리나라 문화와 맞지 않는다. 그러다보니 조직에 대한 충성도도 떨어져 보인다. 뭔가 마음에 들지 않는 일이 생기거나, 다른 회사에서 제공하는 것이 더 매력적으로 보일 때에는, 바로 회사를 떠나버릴 것 같은 철새의 느낌이 든다.

② 이기적이다

요즘 젊은 친구들을 보았을 때, 가장 먼저 떠오르는 단어가 '이기적'이다. 모든 관심과 초점이 자기자신에게만 맞춰져 있다는 느낌이 든다. 함께 일하고 있는 사람들을 배려하고, 서로의 니즈를 조율해 가면서 같이 걸어가고자 하는 태도보다는, '내 것' '내가 인정받는 것' '내가 하고 싶은 것'만 생각한다는 것은, 조직에서 핵심인재로서 육성시키기에는 2% 모자란다는 생각이 들게 한다. 1인 사업자를 하더라도 자신이 원하는 것만 고집하게 된다면, 결국은 자신의 목표를 달성한다는 것은 불가능해지기 마련이다. 내부 고객(후배와 동료와 선배)이나 외부 고객들과 함께 어울리면서, 무언가를 만들어내려는 사람을 우리는 원한다.

③ 불성실하다

물론 회사가 구성원들이 맡은 일을 잘해내야 굴러가는 곳이라는 것은 맞다. 원하는 목표에 도달해야 하고, 바라는 성과를 내야만 하는 거다. 하지만 구성원으로 갖추어야 하는 덕목들 중에서 매우 중요한 것은 '성실성'이라는 사실을 무시할 수가 없다. 아무리 일을 잘하더라도, 게으름을 피우거나 약속을 지키지 않으면서 자신의 입장만 내세우는 불성실한 사람은 어느 조직에서도 환영받지 못하는 존재가 된다.

5. 언어습관에서의 오해

나는 평소에 하던 대로 내 생각을 이야기하고, 궁금한 것이 있으면 바로바로 물어보고, 사람들과 좋은 관계를 유지하며 일을 하려고 노력했을 뿐인데, 윗분들은 굉장히 낯선 반응을 보인다. 뭔가 나에 대해 불만인 모양이고, 찌푸린 얼굴들을 보인다. 그런 모습을 보고 나는 또 뻘쭘해지고 어색해지고 황당해진다. 이러한 불편감을 어떻게 해결할까? 나에 대한 오해는 어떻게 풀어나가는 것이 좋을까? 최민호씨의 이야기를 먼저 들어보도록 하자.

오해받는 상황

• **최민호**(29세 / 1년차 직장인)

"저는 일을 하는데 있어서 복잡하게 엉켜있는 상황을 정말 싫어해요. 사람들이 다 그렇지 않을까요? 잔뜩 엉켜버린 실타래 같은 장면을 만나면 누구나 허걱할 거 아닙니까. 그러다보니까 아무래도 일을 하는데 있어서 문제를 만날 때마다 하나씩 하나씩 신속하게 해결해 나가려고 애를 쓰는 편이에요.

메일을 받았을 때, 제가 아직 업무를 완전하게 파악을 하지 못하고 있는 일이라고 보여지면, 선배님한테 일단 forwarding을 해드려요. 그러면 그분이 보시고 저한테 이야기를 해주시면 되잖아요. 이건 이렇게 이해해야 하고, 저건 저 사람한테 물어보면 된다고 말이죠. 저보다 경험이 많으시니까 당연히 많이 알고 계실 거 아니에요. 그런데 얼마 지나지 않아 선배가 황당하다는 표정을 하시고 제 자리로 오시더라구요. 왜 저러시나 하고 쳐다봤더니, "이거 가지고 나보고 어쩌라구?"라고 물으시데요. "한번 봐주시라고 보내드렸는데요?" 했더니, 기가 막히다는 표정으로 입을 떡 벌리시더군요.

아니, 도대체 뭐가 잘못됐다는 거죠? 솔직히 그 고객이 제 담당이기는 하지만, 그 고객이 메일로 보낸 요청사항은 제가 지금까지 해본적이 없는 거였거든요. 그 선배라면 이전에 해보지 않았을까 싶어서 보낸 건데. 아무리 모르더라도 저보다는 많이 알거 아닙니까. 아무리 바쁘더라도 한번 쓱 훑어보는데 뭐 얼마나 걸린다구요. 선배가 묻더군요. "OO를 구체적으로 어떻게 해달라는 건데?" 이렇게 대답했어요. "그건, 그 고객한테 다시 물어볼께요." 뭐, 원래 회사라는 것이 이런 식으로 일이 되는 거 아닌가요? 그 선배는 볼펜을 자기 책상에 던지더니, 아무 말도 없이 휙 나가 버리더라구요. 분명히 저에 대해 나쁜 인상을 받은 모양인데, 선은 이렇고 후는 이렇다고 얘기를 해주는 것도 아니니 답답해요.

그리고 또 하나. 제 또래들은 실제로 얼굴 보고 이야기를 하거나 전화로 이야기를 하는 것보다는 문자, 문자보다는 카톡으로 이야기를 많이 해요. 일정을 잡을 때에도 여러 사람이 동시에 얘기를 할 수가 있어서 편리하구요. 지금 당장 바쁜 일이 있어서 이야기를 못하더라도, 휴대폰 보고 간단하게 '예, 아니오'만 보내줄 수도 있는 거잖아요. 그래서 저도 대리님이나 팀장님에게 일 관련해서 할 얘기가 있을 때 카톡을 많이 써요. "언제언제까지 제가 드렸던 보고서 검토해주세요. 기획부서에서 그때까지 달라고 합니다" "제안서 작업 때문에, 번역 작업 일정이 늦어지겠습니다. 일주일 후 가능할 것 같습니다" 이렇게요. 자리도 떨어져있고, 특히 팀장님은 다른 층에 계시다구요. 무슨 할 얘기 있을 때마다 쪼르르르 달려가서 얘기하는 것보다, 훨씬 더 편하잖아요. 편리하게 생활할 수 있도록 만들어놓은 게 있는데, 그걸 왜 안 쓰겠냐구요. 그런데 선배들 말을 들어보면 그러면 안 된다고 하더라구요. 싸가지 없어 보인다구요. 왜 그게 싸가지 없는 건가요? 솔직히 최신 첨단 기기를 배우지 않으려고 하는 것은, 퇴보되고 있는 거라고 생각해요.

언젠가는 한 선배가 저보고 "최민호씨, 말이 좀 짧네?" 그러시더라구요. 제 성격상 뭐 말을 조근조근 상냥하게 하지는 못해요. 성격이 좀 툭툭한 편이거든요. 그렇다고 제가 버릇없는, 뭐 개념을 밥 말아먹은 녀석은 아니에요. 선배들한테 유머를 섞어서 이야기를 하지는 못하지만, 꼭 해야 할 이야기는 명확하게 하려고 해요. 할 일도 많고 다들 바빠 보이시는데, 뭘 그렇게 주저리주저리 이야기를 해야 하나요? 같은 팀에서 일하고 있는데, 서로 다 뻔히 아는 얘긴데. 앞뒤에 무슨 상황이 있는지까지 설명을 하는 시간 정도는 절약을 할 수 있다면 하는 것이 맞다고 생각합니다.

또 선배들이 제 말버릇이나 말투가 마음에 안 든다고 하더군요. 저는 뭐 선배들이 저한테 하는 말들이 다 마음에 드는 줄 아나봐요? 참~. 어쨌든, 저는 뭔가 분명하지 않고 모호한 상황을 별로 좋아하지 않아요. 그래서 잘 모르겠을 때에는 꼭 질문을 해요. 얼마 전에는 팀장님이 "OOO을 언제까지 끝내야 하는데, 최민호씨가 마무리하도록 하지"라는 말을 하셨어요. 솔직히 잘 이해할 수가 없었어요. 저는 그때 맡고 있는 일이 또 있었단 말이에요. 그런데 여러 팀원들 중에서도 저를 꼭 찝어서 일을 더 시키는지 알 수가 없더라구요. 그래서 여쭤봤죠. "왜요?" 팀장님이 황당한 표정으로 쳐다보시니까, 옆에 계시던 과장님이 "왜~는 무슨. 찍소리 말고 그냥 해!"하고 소리를 버럭 지르시더라구요. 아니, 왜 화를 내시죠? 지금도 바빠 죽겠는데, 일이 더 떨어져서 화를 내야 할 사람은 저라구요. 저는 그냥, 특별히 제가 그 일을 해야 하는 이유가 있는지 알고 싶었어요. 궁금한 거 물어보는 것 갖고도 뭐라고 하는데 정말 미치겠어요.

또 비슷한 경우가 있었어요. 프로젝트에 관련된 회의를 하는데, 대리님이 지금 하고 있는 얘기하고는 전혀 다른, 엉뚱한 얘기를 하더라구요. 웃기잖아요. 명색이 대리고, 연차도 이제 6년차가 되어 가는 고참 대리인데, 앞뒤 맥락도 이해 못하고 말하는 게. 그래서 한마디 했죠. 그대로 아무도 말 안하고 있으면, 회의가 하염없이 이상하게 흘러갈 것 같아서요. “아이, 씨. 그렇게 나가면 안 되잖아요. 그걸 어떻게 해요. 못해요, 못해요.” 솔직히 거기서 다들 누구든지 한마디 해주기를 바랐을 걸요? 그런데 다들 저를 째려보는 거에요. 뭐 틀린 얘기를 했다고 그러는 건지, 원.

이런 얘기도 들었어요. “넌 생전 잘못했다는 말을 안 한다”구요. 아니, 제가 뭘 그렇게 잘못을 했다구요. 진정으로 잘못했다는 생각을 해야 잘못했다고 하지, 그렇게 생각도 안하는데 어떻게 말을 해요? 원래 상사분들이 하는 일은 부하직원들이 해온 것을 봐주고, 고쳐주고, 더 잘 할 수 있도록 이끌어주는 일을 하는 거잖아요. 그런데 피드백을 받을 때마다 제가 “잘못했습니다” “죽을 죄를 지었습니다”라고 말을 해야 되나요? “아, 그렇군요.” “다음에는 그렇게 고치겠습니다”라고 하면 된다고 생각해요.“

나에게 보이는 것

A. 나의 의도

① 평소에 하던 대로 했을 뿐이다

회사라는 곳이 어디 다른 혹성은 아니지 않나. 똑같은 2014년에, 한국 사람들이 살고 있는 곳이다. 대화를 하는데 있어서도 요새는 직접 만나서 얼굴을 보고 하는 대화보다는, 페이스북이나 트위터, 카카오톡을 이용해서 이야기를 하는 경우가 더 많다. 친구들하고도 그렇게 하고, 어머니 아버지하고도 그렇게 이야기를 한다. 하지만 스마트폰이 없을 때보다 주위 사람들과 이야기를 더 많이 하고, 더 자주 하게 되어 좋다. 회사에 계신 상사분들도 하시는 일이 많아서 바쁜데, 내가 무슨 일이 있을 때마다 얼굴을 들이밀고 말을 걸면 귀찮으실 거다. 솔직히 정말 바쁠 때에는 전화 받는 것도 시간이 많이 든다고 생각된다. 그러니까 일단 메일을 보내거나 문자를 보내놓으면, 그분이 시간이 날 때 대답을 하면 될 거 아닌가. 그리고 꼭 이야기해야 하는 핵심 내용 중심으로 이야기를 하려고 하다 보면, 문장이 짧아지기 마련이다. 어떤 일을 하고 있는지 서로 다 알고 있고, 솔직히 선배라면 나보다 더 많이 알고 있을 텐데, 그걸 다 설명해줘야 안다는 것은 사실, 좀 이해가 안 간다.

② 좋은 관계를 만드는 것이 중요하다고 생각한다

솔직히 나보다 연세도 훨씬 많으신 분들에게 너스레를 떨면서 다가가서 친한 척 하는 게 결코 쉬운 일은 아니다. 솔직히 상사분들이 너무너무 좋아서, 꼭 같이 있고 싶어서 그러는 것이라고는 하기 어려울 거다. 물론 완전히 가식인 것만은 아니지만, 나름대로는 의도적으로 신경을 많이 쓰고 있는 거다. 카카오스토리 같은 것도 친구들하고 하는게 훨씬 재밌지, 과장님하고 하는 게 더 재미있겠나. 하지만 회사 생활을 좀더 잘 하기 위해서, 막내로서의 역할을 다하기 위해 열심히 노력하고 있는 거다. 학교 직속 선배 부르듯이 친밀하게 호칭도 사용하다 보면 점점 편해지게 되고, 그러다보면 어려운 일이 생기더라도 좀더 쉽게 해결될 수 있지 않을까 생각한다. 부하직원이라고 있는 것이 뻣뻣해가지고, 말을 시켜도 제대로 대답도 안하고 그런다면 싫을 것 같다. 나이차이를 봐도, 솔직히 팀장님은 우리 아버지와 거의 비슷한 연배시다. 그런데 거기다 대고 뭐 잘난척 하면서 빼겨봤자, 얼마나 가소롭겠나. 차라리 막내 노릇을 하면서 귀염도 받고, 조직생활도 더 편하게 하는 것이 더 낫다고 생각한다.

③ 몰개성화는 거부한다

회사라는 것이 여러 사람들을 하나의 틀로 찍어내서 똑같은 인형을 만드는 곳은 아니지 않나. 사람이 다 생각이 다르고, 성격도 다르고, 가치관도 다른데, 어떻게 똑같은 행동을 할 수 있겠나 싶다. 누군가 좀 다른 행동을 한다면 바로 색안경을 쓰고 볼게 아니라, 그냥 좀 다른 사람이구나 하고 받아들여주었으면 좋겠다. 특별히 문제를 일으키는 것도 아닌데 말이다. 이것에 대해 질문해야 되겠다고 생각하면 참지 않고 물어보고, 안 되는 건 안 된다고 솔직하게 이야기하는 것이 내 개성이다. 그런데 그 개성이 문제라고 생각한다면, 아예 나를 뽑지 말았어야 할 것 아닌가.

B. 나의 행동

① 신속하고 효율적으로 일을 하려고 노력한다

어떻게 하면 시간과 에너지와 노력을 최소화하면서, 원하는 목표를 달성할 수 있을지에 대해 고민을 많이 했다. 아무리 일을 많이 한다해도, 회사에서 보낼 수 있는 시간이 한정되어 있으니까, 어떻게든지 빨리 끝낼 수 있는 방법을 찾아서 해야 한다고 생각했다. 그래서 상사나 선배들이 다른 일을 하느라 바빠 보인다면, 일단 카톡이나 문자 메시지, 메일로 용건을 보내놓고, 그분들이 시간이 될 때 보시고 나에게 이야기를 해주시라는 의도를 전달했다.

② 상사/선배들과 친밀하게 지내려고 노력한다

솔직히 이전에는 전혀 모르던 사람들이 같은 회사에 다니고, 같은 부서에서 일한다는 이유 때문에 가족들보다 더 많은 시간을 같이 보내야 한다는 것이 사실, 편할리 없다. 그렇기 때문에 짧은 시간에 보다 빨리 가까워지기 위해 의도적으로 애를 썼다. 약간 낯간지럽고 오글거리기는 하지만, 성을 떼어서 이름만 부르면서 애교스럽게 보이려고 했고, 상사와 선배들에게 윗사람 대접을 확실하게 해드리기 위해 어리광도 부리곤 했다. SNS에서도 가능한 한 선배들과 이야기를 많이 하려고 신경을 쓰는 편이다. 나도 그 분들이 쓰신 글에 댓글을 꼭 달아드리려 하고, 내 글에 댓글을 달아주시면 감사의 표시를 반드시 하곤 한다.

③ 내 생각을 명확히 표현하려고 노력한다

여러 사람들과 함께 일을 하는 상황에서 가장 중요한 것은, 자신이 생각하거나 느끼는 바를 마음 속에 숨겨놓고 꽁하지 않는 것이라고 생각한다. 그래서 궁금한 것이 있을 때에는 반드시 질문을 했다. 솔직히 나는 어떤 일을 해야 할 때 그 일의 의미나 배경, 해야 하는 목적과 기대되는 바를 명확하게 알지 못하면, 일에 착수하기가 어렵기 때문에, 가능한 한 일을 시작하기 전에 필요한 정보를 확보하는 것이 필요하다. 또 안 되는 것은 안 된다고 빨리 이야기를 해야만, 한참 일을 진행하다가 일이 망쳐지는 것을 막을 수 있다고 생각하기 때문에, 초반에 빨리 브레이크를 걸려고 했다. 어떤 친구들은 보면, 뻔히 안될거라고 생각하면서도 윗분들이 이야기를 하시면 아무 말도 못하고 고개를 끄덕이는 경우가 있다. 하지만 이럴 경우, 나중에 덤터기를 쓰게 되는 것은 우리고, 그 일의 뒤처리를 해야 하는 것도 우리다. 그렇기 때문에 최대한 신속하게 의견을 피력하려고 했다.

④ 일의 성과로 보여주려 한다

뭔가 일이 계획되었던 대로 이루어지지 않는다면, 빨리 방향을 틀고 원하는 성과를 얻을 수 있도록 바꾸어보려고 했다. 그 과정에서 솔직히 누구 한 사람만의 책임을 묻는다거나 하는 것은 아무런 의미도 없는 일이고, 솔직히 회사라는 곳에서 누구 한사람이 100% 책임을 질 수는 없다고 생각된다. 따라서 '잘못했습니다', '죄송합니다'라는 말로 그냥 유야무야 넘어가버리려고 하는 것이 아니라, 명확하게 기대되는 바가 무엇인지를 다시 파악해서, 일의 성과를 보여드리려고 했다. 말 한마디로 그냥 때우는 것은 동아리나 친구 사이와 같은 사적인 관계에서는 칭찬받을 수도 있는 일이겠지만, 회사와 같은 공적인 관계에서는 사과를 하고 앉아 있을 일이 아니라, 빨리빨리 움직이는 것이 좋다고 판단했기 때문에 잘못된 곳을 고치는 일에 더 집중했다.

C. 나의 감정

① 의아함

2-30년을 살아오면서 지금까지 해오던 대로 했는데, 왜 이렇게 상대방의 반응이 다른지 이해하기가 힘들다. 이렇게 이야기를 하면, 저 사람이 저렇게 반응하겠지 라는 것이 대강 예상이 되어야만 행동을 할 수가 있는 것인데, 도대체 뭘 어떻게 해야 할지 모르겠다. 나이가 좀 차이가 난다고 해도, 우리는 모두 같은 시대를 살고 있고, 같은 나라에서 살고 있는데 왜 이렇게 생각하는 것이 차이가 나는 것일까 의아함을 금치 못하겠다.

② 억울함

내가 맡은 일을 보다 잘해내기 위해서, 효과적인 절차를 찾고, 가까이 하기 어려운 윗분들에게도 적극적으로 다가가려고 노력하며, 용기를 내어 내 생각을 똑똑하게 이야기를 하려고 노력하고 있다. 그런데 인정을 받기는커녕 왜 이렇게 비난을 받는 것인지, 정말 억울해 죽겠다. 내가 시키는 일도 안하고 뺀질거리면서, 다른 사람들이 만들어놓은 밥상에 숟가락만 얹으려고 하는 것이 아니지 않나. 나름 열심히 생각해서 행동하고 있는데, 내가 가지고 있는 좋은 의도에 대해 상사나 선배들이 전혀 이해해주지 않고 자꾸 비난을 하는 것 같아 억울하다.

③ **답답함**

상사나 선배들은 우리 세대에 대한 이해를 하려는 노력이나 시도가 통 없는 것 같아 영 아쉽고 답답하다. 우리는 어릴 때부터 휴대폰이나 컴퓨터 메시지와 메일을 통한 커뮤니케이션에 익숙하고, 그러한 매체와 기기들을 잘 다루는 문화 속에서 커 왔다. 무슨 일이 생길 때마다 쪼르르 뛰어가서 직접 얼굴을 보고 이야기하고, 다른 일 때문에 바쁜 상사나 선배를 뒤쫓아 다니면서 결재를 받거나 의견을 듣는 일에는 매우 낯설어 할뿐 아니라, 우리 체질과는 안 맞는다고 생각한다. 그런데 상사나 선배들은 자신들의 기준에 맞추어서, 우리에게 일방적으로 변화하기를 강요하는 것 같아 매우 답답하다.

나에게 보이지 않는 것: 다른 사람의 오해

① **예의(싸가지)가 없다**

사람은 누구나 자신의 기준에 의거하여 상대방을 평가하게 된다. 우리도 마찬가지이고, 우리의 상사나 선배들도 마찬가지이다. 그분들의 시대와 문화에서는 윗 사람들과 이야기를 할 때에는 나를 낮추는 자세를 하는 것이 당연했었고, 할 말이 있어도 일단 입을 다물고 듣는 태도를 하는 것이 몸에 배어 있었다. 모든 사람들이 그렇게 행동을 했었고, 학교에서도 그렇게 가르쳤으니까 말이다. 그러다보니, 우리를 볼 때 상사/선배들은 '예의가 없다'라는 오해를 하게 된다. 일단 자신들이 우리 나이 때에 했던 행동과는 매우 다른 행동을 하고 있다고 판단을 하면, 바람직하지 않다고 생각하니까. 특히 언어표현은 바로 눈에 보이고 귀에 들리는 것이기 때문에, 상사나 선배들이 더욱 민감하게 반응하는 것 같다. 여러 사람들이 같이 일하고 있는 팀이나 부서에서, 업무행동은 오히려 직접 가까이에서 일을 하지 않으면 잘 눈에 띄지 않을 수 있지만, 회의에서나 지나가면서 들리는 말 한마디는 그 사람에 대한 순간적인 이미지로 고착화 될 수 있기 때문에, 더 인상적으로 느껴진다.

② 나를 무시한다

상사/선배들은 우리와 비슷한 나이였을 때, 그분들이 자신의 상사를 대접했던 방식으로 본인들도 대우받기를 기대한다. 한 사람의 동료로서 존중받았으면 좋겠고, 혹시 가능하다면 능력있는 상사로 존경받았으면 좋겠다고 생각한다. 그러다보니 설명없이 보내지는 메일이나 문자 메시지를 받거나, 이야기가 나오자마자 들리는 짧은 문장 형태의 질문이나 주장을 듣게 되면, 윗사람으로서의 자신의 존재감이나 역량에 대해 무시받는다는 생각을 하기 쉽다. '위-아래가 없다' '저 녀석은 나와 맞먹으려고 한다'는 오해가 이때 생기는 것 같다.

③ 눈치가 없다

관리자들은 '요새 젊은 세대들은 조직내 기존 문화 파악에 대한 노력이 없고, 독불장군식 태도만 보인다'는 말을 많이 하곤 한다. 기존에 이루어졌던 절차나 문화, 분위기에 대한 고려나 존중이 없이, 자신이 맞거나 편안하다고 느끼는 것만 밀어붙인다는 오해를 하는 것이다. 지금까지 이 조직에서 효율적이라고 생각하고 이상적이라고 생각해서 이루어졌던 관행들에 대해 알아보고 맞추어보려고 노력을 하는 시도나, 눈치를 보려는 노력이 없다는 오해도 또한 존재한다.

Bonus 2.
상사들의 공부자료 공유하기: 치유하는 도피

박정민 / 공감 PLUS(2013.05)

"나는 내 방을 가지고 있는가?" 중고등학교 때 형제나 자매와 함께 방을 써야 했던 시절, 나만의 방을 가지는 것은 거의 로망에 가까웠다. '내 방이 생긴다면, 내 취향에 맞도록 멋지게 꾸며야지' '누구 눈치도 안 보고, 내가 듣고 싶은 음악을 빵빵 틀어놓을 수 있겠지?' 소망하는 바도 많았다. 자, 이제 내 손으로 돈을 벌면서, 한사람의 성인으로서 하루하루를 살고 있는 지금, 내 방을 가지고 있는지 스스로에게 물어보자. 아직 결혼을 하지 않은 경우에는 내 방이 있을 가능성이 많겠지만, 결혼을 하고 자녀가 생기게 되면, 내 방을 가질 확률은 오히려 적어진다. 부엌, 화장실, 아이 방, 안방, 거실. 이 중에서 거기 들어가기만 하면 아무도 나를 방해하지 않는 나만의 공간은 존재하지 않는 경우가 대부분이기 때문이다. 그래서 어떤 조직의 임원분은 나만의 공간(서재)을 마련하기 위해, 무리를 해서 대출을 받고 새로운 집으로 이사를 하게 되어, 현재 경제적인 부담이 만만치 않다는 호소를 하시는 것을 들은 적이 있다. 따라서 오늘은 독자들에게, 돈 한푼 들이지 않고 오직 나만을 위한 공간을 만드는 방법을 전수해드리려고 한다.

이때의 '내 방'이란 물리적인 공간이 아니라, 내 마음속에 존재하는 자그마한 골방을 가리킨다. 옆과 뒤를 돌아볼 여유조차 없이 앞으로만 숨차게 달려가고 있는 힘든 일상에서 잠시 도피해서 나를 돌아볼 수 있는 작은 공간과 시간을 만들어 보자는 것이다. 앞으로 뛰어가기도 바쁜데, 왜 갑자기 도피니, 골방이니 생뚱맞은 이야기인가 싶을 수도 있겠다. 현대와 같은 성장&성과 중심의 사회에서, 쉬어감이란 일종의 퇴보로 느껴질 수 있을테니 말이다. 하지만 현재의 나를 치유하기 위해 필요한 시간과 공간이 있다면 잠시 그곳에 머무르면서 나를 어루만지는 것이 '현명한 도피'가 된다. 성급하고 초조한 마음으로 쉼 없이 뛰다가 지쳐 주저앉는 것보다는 잠시 숨을 고르며 '치유적인 쉼'을 갖는 것이 훨씬 더 긴 안목으로 내 삶을 가꾸어 나갈 수 있는 방법인 것이다.

'불편해' '힘들어' '그만 좀 해' '난 왜 이 모양이야?' '뭐가 문제지?' '기분 나빠' '이제 더 이상은 못하겠어' '좀 쉬어야 할 것 같아' '수치스럽고 부끄러워' '화가 나' '분노가 끌어올라' '참을 수 없어' '뭔가 꺼림칙해' '나는 이중인격자인가' '이 기분은 뭐지?' '외로워' 등 이렇게 마음속으로 스스로에게 반문한 적이 분명 있을 것이다. 이때가 바로 내 자신을 들여다봐야 하는 순간, 바로 마음의 공간으로 들어가야 할 타이밍이다. 나만 들어갈 수 있는 마음의 공간에 들어가 찬찬히, 그러나 거침없이 나와의 소통을 시작해 보자.

마음의 공간에 들어가서 자기자신과의 대화를 할 때, 반드시 피해가야 할 장애물 4가지를 기억해두면 좋겠다.

- 평가: 박지수 과장은 무슨 일이 잘못될 때마다 자기 자신이 못마땅해 어쩔 줄 모른다. 그러면서 예전 초등학교 때 반장 선거마다 떨어졌었던, 호랑이 담배 피우던 시절의 일부터 끄집어내며 한숨을 푹푹 쉬는 것이 술자리마다 반복되는 박과장만의 의례적인 행동이다.
- 비교: 강영석 차장은 자신감이 부족해서인지 쉽게 주변 사람들과 비교하며 자신을 끌어내리고 싶어 한다. "기획팀 송차장은 승진해서 차까지 바꿨던데. 아니 그 인간, 애가 셋이나 있고 와

이프도 일 안 하고 집에서 살림한다는데 언제 그렇게 돈을 모은 거야? 도대체 난 뭘 하고 있는 거지? 역시 되는 놈은 되고 안 될 놈은 안 되는 모양이야."

- 책임 부정: 한현진 대리의 별명은 '핑계의 여왕'이다. '승진을 하려면 진급 시험을 봐야 하는데. 나라고 승진이 싫겠어? 하지만 매일 반복되는 회식에 나도 별 도리가 없다고. 회사에서 시험을 보라고 했으면 그럴 수 있는 환경을 만들어 줘야 하는데 그렇지 못한 것을 어쩌라고! 우리나라 사회 구조상 제정신 차리고 직장 생활 하는 사람들이 몇이나 되겠어! 다 그러고 사는 거지.'
- 강요와 협박: 최창욱 주임은 무섭게 자신을 몰아치는 사람으로 유명하다. 하지만 그 기준이 너무나 높고 지키기가 어려워 결국 실패감을 맛보기 일쑤이다. '나의 나약한 정신을 뜯어고치기 위해서는 내일이라도 당장 일찍 일어나는 습관이 필요해. 일찍 일어나 내가 무언가 제대로 하고 있다는 것을 보여줘야지. 이것도 지키지 못하면 난 정말 나약한 놈이야!'

마음의 공간에서 하는 내 자신과의 대화에서는 평가, 비교, 책임 부정, 강요나 협박을 잠시 내려놓자. 그곳에서의 대화는 '있는 그대로의 나'를 수용하기 위한 목적으로 이루어진다. 대화는 '나와 누군가를 비교하거나, 지금의 나와 과거의 나를 비교해 추궁하는 것'이 아니라 '왜 그럴 수밖에 없었는지를 헤아려 주는 것'이다. 대화는 '어쩔 수 없다는 회피나 부정'이 아닌 '나에 대해 책임감을 갖는 것'이다. 나와의 바른 대화는 강요와 협박을 해서 무언가를 끌고 가는 것이 아니라 '깨달아 저절로 하고 싶은 기분'이 들게 하는 것이다. 강요로 얻은 내 자신과의 약속과 스스로 자연스럽게 일어나는 결심은 다르다.

마음의 공간에서 가장 중요한 일은 '나'를 만나는 것이다. 나의 속마음을 들어 보면, 내가 바라는 바에 있어서는 잘못된 점이 없다. 문제는 불화의 원인을 상대방에게서만 찾으려고 하지, 자신의 문제로 받아들이지 않는다는 점에 있기 때문이다. 상대방에게 너무 화가 나고 야속해서 내 문제는 저 멀리 사라져버린다. 그러니 남의 허물보다는 우선 나를 점검하는 것이 필요하다.

일상생활을 하다가 마음에 걸리는 것이 있으면 바로 내 방으로 뛰어 들어가자. '이것은 무슨 일이지?' '내 문제인가, 저 사람 문제인가?' 마음속 골방은 나에게 믿을 만한 안식처가 되어 나를 보호해 줄 것이다. 이 안전한 공간에서 과도한 각성이나 지나친 경계를 잠시 접어두고, 내일을 위한 힘을 충전하며 지혜를 얻어가도록 하자.

CHAPTER **3**

오해 줄이기 **세 번째** 작업

—

몸으로 이해하기

오 / 해 / 하 / 지 / 말 / 아 / 주 / 세 / 요

오해 줄이기 세 번째 작업

• • •

몸으로 이해하기

자, 우리와 기성세대와의 경험상 차이에 대해서도 생각해보았고, 의사소통의 갈등 상황에서 우리가 가지고 있는 입장과, 우리가 받고 있는 오해에 대해서도 살펴보았다. 지금까지 했던 이야기는 본 장의 이야기를 하기 위한 기반작업이라고 할 수 있을 것이다. 사실 제일 중요한 것은 지금부터이다. 어떻게 하면 오해를 줄일 수 있을까? 머리로 이해했지만 움직이지 않는다면, 그것은 진정한 이해가 아니다. 변화하고 싶다는 마음을 가지지만 움직이지 않는다면, 그것 또한 진정한 변화가 아니다. 그래서 본 장에서는 이런 순서로 이야기를 해보고자 한다.

의사소통시 갈등이 생기는 상황 (오해받는 상황)	상대방의 의도 이해하기	상대방의 감정 이해하기	상대방의 약점 이해하기	새롭게 연습해 보기	Self Check List
위계질서	97p	98p	99p	101p	104p
일처리방식	105p	107p	107p	109p	113p
피드백	114p	115p	116p	118p	123p
근무태도	124p	126p	126p	128p	132p
언어습관	133p	134p	135p	137p	139p

우리가 앞에서 살펴보았듯이, 의사소통이란 한쪽에서만 노력해서 될 일이 아니다. 물론 희망사항으로는, 가만히 감나무 아래 누워서 입만 떠~억 벌리고 있으면, 달콤한 감이 입안으로 똑 떨어졌으면 하는 바람이 있지만, 실제 우리가 사는 세상을 보면, 그러한 일이 일어날 가능성은 거의 없어 보인다. 나와 다른 사람의 관계에서 내 입장을 명확하게 살펴본 다음에 우리가 해야 할 일은, 상대방의 입장을 명확하게 이해하는 일이다. 그래야만 우리 둘이 함께 앞으로 어떻게 해야 할지에 대해 생각해볼 수 있기 때문이다.

그래서 이 장에서는 의사소통에서 부딪침이 일어나는 기성세대의 의도와 감정에 대해 먼저 생각해보고, 그 다음에는 평소에는 그다지 관심이 없었던 분야이지만, 기성세대의 약점에 대해서도 살펴보려고 한다. "그만큼 나이 먹었으면서" "나잇값을 좀 해야 하는거 아니야?"라는 말이 툭툭 튀어나오는 상황이 많다. 하지만 나이가 많아졌다고 해서, 모든 역량이 성숙하고 지혜가 풍요로워지는 것은 아니다. 우리 또한 약점을 가지고 있듯이, 기성세대들도 어렵고, 서툴며 낯설어하는 부분들이 있다. 상대방이 완벽한 존재이기를 기대하는 마음을 내려놓을 때, 서로간의 떨어짐을 메울 수 있는 길은 보이게 될 거라 생각한다.

그런 다음에는, 내 입장에서 새롭게 시도해볼 수 있는 것이 무엇인지를 정리해보려고 한다. 두 명의 관계가 변화하려면, 누군가 기존에 하지 않았던 새로운 행동을 시도할 필요가 있다. 그 변화를 시작하는 선구자 역할을 우리가 한번 맡아보도록 하자. 행동연습은 두가지 부분으로 나누어 보았다: A. 상사 관리. B. 자기 관리. 소통은 일방적인 작용이 아니라 쌍방적인 상호작용이기 때문에, 혼자만 잘하고 있다고 해서 원하는 해결안을 찾아가기가 쉽지 않다. "우리 같은 따까리 나부랭이들이 상사를 어떻게 관리하느냐"라고 생각할 수도 있겠지만, 사람들과 효과적인 소통을 하기 위해서는, 상대방에게 효과적으로 영향력을 미칠 수 있는 방법을 고민할 필요가 있다. 내가 상대방에게 원하는 것이 무엇인지를 잘 전달하고, 상대방의 이야기를 잘 듣고, 서로의 니즈를 모아 합의점을 찾아가는 과정 자체가 바로 '상사 관리'인 것이다. 그리고 '자기 관리'에서는 그 과정에서 나의 역량을 개발할 것이 무엇인지를 찾아보도록 하겠다.

마지막으로는, 각각의 갈등 문제에서 우리가 자신의 모습을 돌아볼 수 있는 self-checklist를 실어보았다. 내가 지금 사용하고 있는 방법이 과연 효과적인지, 나의 마음과 생각, 기성세대의 마음과 생각에 대해 명확하게 파악하고 이해하고 있는지에 대해서 점검해보고, 새로운 시도를 위한 계획을 세워보도록 하자.

다시 한번 강조하고 싶은 것은 효과적인 커뮤니케이션, 즉 소통을 통해 내가 원하는 것을 명확히 전달하고, 상대방과 뜻을 같이하여 서로의 목표를 달성하기 위한 최선의 길, 가장 빠른 길은 "연습"이라는 것이다. 이때의 연습은 '이렇게 생각을 해야지' '이렇게 마음을 먹어야지'라는 것도 물론 포함되겠지만, 손발을 움직여보는 연습이 반드시 포함되어야 한다. "나도 다 알고 있어요, 그런데~~"라는 말이 통할 시기는 이제 지났다고 스스로에게 말해줄 필요가 있다. "아직 잘 모르겠지만, 한번 시도해볼까요"라는 말을 꺼내보자. 해봤자 큰 도움 안 될 것 같은 아주 작은 행동이라도, 직접 몸을 움직여보자. 내가 원하는 삶의 목표로 다가가기 위한 여행은 그 한발짝이 있어야 시작이 되고, 완성이 될 것이기 때문이다. 이 책을 활용할 수 있는 가장 좋은 방법은, 책을 읽으면서 '아, 이게 정답인가보다'라는 태도가 아니라, '이 책에서는 그런 말을 하지 않았지만, 지금 내 상황에서는 이런 걸 한번 해볼까'라는 자기주도적인 행동 의지인 것이다.

자, 그러면 새로운 아이디어를 찾아내고 몸을 움직이기 위한 계획을 세우기 위해, 고민하는 시간을 가져보도록 하자.

1. 위계질서 문제 풀기: 김수현씨의 이야기(44p)

상대방의 의도 이해하기

① 창의적인 변화는 기존의 프로세스를 존중하는 것에서 시작된다

창의적인 시도. 참 좋은 말이다. 새로운 시각에서 상황을 보면서 보다 효과적인 방법으로 접근할 수 있게 해주니까 말이다. 그런데 요즘 젊은 친구들은 '창의'에 대해 다소 오해가 있는 것 같다. 기존에 있던 체계나 방법들을 180도 뒤집어야만, 효과적인 변화가 일어난다고 생각하는 듯이 보인다. 하지만 젊은 친구들보다 조금 더 많은 경험을 가지고 있었던 사람으로서 이야기해주고 싶은 것은, 아무리 비효과적으로 보이는 것이라도 나름대로의 배경과 맥락에서 만들어진 것이고, 나름대로의 역할과 기능을 하고 있다는 것을 인정할 필요가 있다는 것이다. 그렇게 과거의 것들을 존중하는 마음을 가지면서, 신선한 시각을 조금씩 더하기 시작한다면, 원하는 변화는 훨씬 더 자연스럽게 일어날 수 있을 거라 기대한다.

② 현장 경험을 통해, 몸으로 익히도록 해주고 싶다

신입사원이나 대리들에게 일을 가르칠 때 내가 가장 중요하게 생각하는 것은, 직접 시도해서 경험해보고 몸이 일을 배우도록 하는 것이다. 책상에서 펜대만 굴리면서 가장 쉽게, 가장 빠르게 정답을 찾는 길은 무엇일까 해봤자, 제대로 일을 배우기는 어렵지 않나. 자빠지고 엎어지더라도, 시간이 조금 오래 걸리더라도, 돌아가는 느낌이 들더라도, 내가 조직생활을 해본 바로는 직접 시행착오 과정을 거치면서, “아, 이게 잘못된 거였구나” “다음에는 이렇게 하면 되겠구나”라는 것을 스스로 깨닫는 사람만이, 일을 자기 것으로 소화할 수 있다고 생각된다.

③ 윗분들에게, 부하의 역량을 어필해주고 싶다

사실 상사 보고는 나 혼자 들어가도 된다. 원래 그렇게 했었으니까. 하지만 그 방법으로 하면, 부장님은 부하직원이 무슨 생각을 가지고 있는지, 이번 일에서 어떤 기여를 했는지를 잘 모르신다. 솔직히 부하직원들이 한 두명 있는 것도 아닌데, 어떻게 한사람 한사람에게 다 신경을 쓰시겠나. 그래서 나름 생각을 한 것이, 보고를 할 때 가능하면 실무를 한 부하와 같이 들어가서, 직접 보고를 받으시도록 하는 것이 좋겠다는 것이었다. 의심스러운 시선도 많다. 부장님은 “김과장. 이제 과장 됐다고 뺀질거리냐”고 하시고, 부하직원들은 “왜 우리를 귀찮게 구냐. 혼자 알아서 하면 될텐데”라고 투덜댄다. 하지만 실제로 보고를 같이 해보니까, 상사들도 일이 어떻게 돌아가는지를 더 명확히 파악하시는 것 같고, 부하들도 자신의 생각을 표현하고 설명하는 연습을 더 할 수 있어서 좋은 것 같다.

상대방의 감정 이해하기

① 수치스러움

솔직히 내가 젊었을 때에도, 모든 상사들을 존경한 것은 아니었다. 어떤 사람에게는 “야, 도대체 저런 사람이 어떻게 부장이 됐을까”하고 비아냥거리기도 했었고, “나라면 더 잘할텐데”라고 한탄하기도 했었다. 하지만 상사의 자리에 대해서는 존중하려는 마음을 가지고 있었다. 그런데 부하직원이 조직에서 정해놓은 위계질서를 아예 지키지 않으려는 태도를 보이는 것에 대해서는, ‘저 인간은 능력 수준으로 보았을 때, 도저히 상사로서 인정할 수가 없다. 그냥 무시해버리자'라는 것으로 느껴져서, 상사나 동료들 보기에 매우 수치스럽다.

② 불신감

솔직히 그러지 말아야 한다는 것을 알면서도, 이번에 이렇게 내 뒤통수를 치고 부장님에게 달려갔다는 것을 떠올리면, '부하직원을 믿을 수가 없다'는 생각이 자꾸만 든다. '앞으로는 도대체 무슨 짓을 할까, 그 앞에서 말이나 제대로 할 수 있을까, 내가 이렇게 말하면 저 친구는 무슨 생각을 할까.' 하는 마음에, 부서업무상 중요한 이야기는 가능하면 그 친구를 빼고 하는 내 모습을 발견하게 된다.

③ 당황스러움

조직생활을 어느 정도 해오면서 이럴 땐 이렇게 해야지, 저럴 땐 저렇게 해야지 라는 것이 웬만큼은 정리되었다고 생각했었다. 하지만 기존 질서를 무너뜨리고 마음대로 행동하는 듯한 부하직원을 보면, 도대체 뭘 어떻게 해야 할지를 몰라서, 머리가 멍해지는 느낌이 든다. 게다가 지난번에는 부장님과 직접 이야기해서 나를 당황하게 하더니, 이번에는 또 새삼스럽게 "이럴 땐 이렇게 하면 될까요?"라고 물어보더라. 어떻게 반응을 해야 하는 것인지, 나에게 뭘 기대하는 것인지를 잘 모르겠다.

상대방의 약점 이해하기

나의 상사나 선배들이라고 해서 100% 완벽한 사람은 아니다. 그 분들도 앞으로 좀더 성숙한 사람으로 발전하기 위해 노력하고 있고, 좀더 역량있는 리더의 모습을 갖추기 위해 애쓰고 있는 중이다. 따라서 그 분들도 현재 노력하고 있다는 것을 우리도 인식할 필요가 있다. 위계질서를 효과적으로 지키고 운영하기 위해 나의 상사와 선배들이 어려워하고 있는 것, 노력하고 있는 것은 무엇인지 한번 알아보자.

① 수평적 소통과 효과적인 표현에 서투르다

지금까지 상사들이 성장해왔던 조직문화는, 수평적인 관계보다는 매우 경직된 수직적인 관계가 존재하는 곳이었다. 부하직원이 무엇인가를 적극적으로 제안하고 질문을 하는 분위기보다는, 상사는 지시하고 부하는 협조적/순종적으로 그 지시에 따르는 행동이 반복되는 곳이었다고 하면 명확할 것 같다. 그러다보니 부하직원이 의견을 냈을 때, 진지하게 귀를 기울이고, 그에 대해 심각하게 고민해보고, 함께 논의하는 분위기에는 영 익숙치가 않다. 당연히 본인이 생각하는 바에 대해, 상대방의 이해도와 수용도를 높일 수 있도록, 상대방의 특성에 맞추어 효과적인 언어 표현을 찾는데에도 능숙하지 않을 것이다. 게다가 부하직원은 당연히 상사의 의도를 잘 이해하고 있을 거라고 혼자 확신하며, 상대방이 내 메시지를 명확하게 파악했는지를 확인하는 절차도 잘 거치지 않으려 하는 경우가 많다.

② 새로운 경험에 낯설어한다

지금까지 보지 못했던, 본인과 다른 성장배경을 가지고 있고 본인과는 다른 식으로 생각하고 본인과는 다른 언어를 쓰는 것 같은 사람을 만나면, 바로 혼란에 빠진다. 내가 이해할 수 없는 나와 다른 혹성에서 온 듯한 사람과는 어떻게 이야기를 해야 하는지에 대해 두려움을 가지는 경우가 많다. 관리자들이 모여서 젊은 친구들과의 의사소통 어려움에 대해 이야기를 할 때 보면, “내가 더 경험도 많고 직급도 높은데. 이렇게 낯선 상황을 만나서 당황하고 혼란스러운 모습을 보여주고 싶지도 않고, 그렇다고 해서 뭘 어떻게 해야할지도 모르겠다”라는 마음을 토로하는 경우가 많다.

새롭게 연습해보기

A. 상사관리

① 직속상사에게 코칭 요청하기

"아~ 도대체 나과장은 왜 저 모양이냐. 내가 정말 저 인간만 없으면 회사 다닐 맛이 날텐데 말야. 다른 사람들은 회사도 잘 옮기더만, 왜 우리 회사에 박혀 있는지 이해가 가지 않아"라고, 치맥을 앞에 두고 동기와 함께 궁시렁거리는 거야, 언제든지 할 수 있는 일이다. 감정적인 스트레스를 푸는 것에는 큰 도움이 될지 모르겠지만, 실제 내가 원하는 방법으로 일을 진행하기에는 별 도움이 되지 않는다. 계속해서 나는 상사를 마음에 들지 않는 시선으로 노려보고 있을 것이고, 상사 또한 그 불편한 시선을 느끼며 나에게 곱지 않은 시선을 돌릴테니 말이다. "직속상사"는 내가 조직 생활을 하는데 있어서, 나에게 가장 큰 도움을 줄 수 있는 자원(resource)으로 생각할 필요가 있다. 그렇다면, 내가 가지고 있는 자원을 효과적으로 활용할 수 있는 방법을 찾아야 하지 않겠나. 물론 상사의 업무 스타일이나 가치관은 내가 가지고 있는 것과 꼭 일치하지 않을 것이다. 따라서 어떻게 하면 함께 일을 잘할 수 있을지에 대해 함께 논의하고, 합의점을 찾아가는 과정이 필요하다. 필자들의 생각에는 그러한 일을 할 수 있는 과정이 '상사의 코칭'이라고 보여진다. 나에게 기대하는 것이 무엇인지, 불편해하는 것이 무엇인지에 대해 성의있는 태도로 듣고, 내가 원하는 것과 변화하고 싶은 바에 대해 이야기하는 시간을 가지고 싶다고 요청하자. 조직과 상사가 가장 이상적으로 생각하는 부하직원의 모습은 일에 대한 의욕과 열정을 가지고, 상사를 적극적으로 활용하고자 하는 모습이기 때문이다.

② 멘토 네트워킹 강화하기

조직을 구성하고 있는 사람들을 살펴보면, 직속상사 외에도 내가 배우고 싶은 업무적 역량이나 좋은 관계적 역량을 가진 선배, 상사의 상사, 옆부서 상사들이 매우 많음을 알 수 있다. 직속상사는 반드시 포함하되, 그 외에 내가 도움을 받을 수 있는 멘토의 네트워크는 크면 클수록 좋다. 솔직히 나를 잘 알지도 못할 것 같은 윗분들에게 다가가서 도움을 요청하기란 결코 쉽지 않은 일일 것이다. "넌 누군데? 나한테 왜 이러는데?"라는 말을 들을 것 같기도 하고 말이다. 하지만 관리자들의 이야기를 들어보면, 본인의 직속부하가 아니라도, 메일을 보내거나 직접 찾아와서 조직에 잘 적응할 수 있는 방법에 대해 고민하며 조력을 요청한다면, 너무나 기특하고 도와주고 싶은 생각이 든다고 한다. 그리고 한 사람의 일생동안 직장이 아니라, 직업이 두 세번 변한다는 시대에 살고 있는 우리로서는, 이 조직에 있는 동안 그리고 이 조직을 떠난 후에라도 내가 멘토로서 소통을 할 수 있는 분들을 많이 만드는 것이 도움이 될 것이다.

B. 자기관리

① 설득력 배양하기

우리는 흔히 관리자들은 자기 말만 하고, 우리 말은 들어주지도 않으며, 도대체 뭘 바라는 것인지 제대로 설명도 못한다고 투덜댄다. 그렇다면 과연 우리는 명료하게 우리의 의사를 잘 전달하고 있는 것인지 한번 뒤돌아볼 필요가 있겠다. 솔직하게 말해서 그 어떤 조직에 근무하고 있든지 간에, 우리나라 조직문화에서 부하직원이 새로운 의견을 내었을 때, 상사가 기꺼이 귀를 기울여주는 것은 항상 일어나는 일은 아니지 않은가. 그렇다면 어떻게 표현하고 설득을 하면 내 이야기에 관심을 기울여줄까에 대해 더 많은 고민을 해야 하는 것이 당연할 것이다. 관리자들도 리더십 교육을 받으면서, 어떻게 하면 부하직원의 이야기에 경청을 잘할 것인가에 대해 고민하고 연습하는 중이다. 우리도 상사에게 우리가 가진 의견을 어떻게 더 잘 전달할 수 있을지에 대해 고민하고 연습해보도록 하자.

② 나의 이미지에 대해 피드백 받기

나와 상사, 이렇게 두명의 관계에서만 생각하게 되면 나는 무조건 옳고, 상대방은 무조건 그르다는 이분법적 사고에 빠지기 쉽다. 그러한 상태에서 오래 있다 보면, 나는 어떤 상황에서도 희생양이 되고, 상사는 언제나 가해자라는 생각에서 헤어나오기가 어렵다. 따라서 위에서 이야기했던 멘토 네트워크나 동료 네트워크를 통해 나의 언어적 행동, 비언어적 행동, 커뮤니케이션 스타일, 업무 태도나 관계적 태도 등에 대해 객관적인 피드백을 받아보는 것이 나의 성장을 위해서는 큰 도움이 된다. 안타깝게도 조직생활을 하다보면, 직급이 올라갈수록 나의 모습에 대해 이야기를 해주는 경우는 점점 줄어들게 된다. 그때를 대비해서라도 지금부터 주위에서 나에게 진심어린 피드백을 해주는 사람들을 많이 만들어놓도록 하자.

③ 작은 변화 시도해보기

사실 조직생활을 해보면 내 마음대로 돌아가는 것이 그다지 많지 않다. 직급이나 높으면 내 말이 좀 먹힐 것 같기는 하지만, 지금 나의 위치에서는 내가 원하는 대로 되는 것은 아무것도 없는 것 같다. 우선은 내가 할 수 있는 범위 내에서 만들어낼 수 있는 변화가 무엇인지에 대해 명확하게 파악할 필요가 있다. 불가능한 것이 이루어지기를 바라는 마음은, 나에게 더 많은 스트레스와 좌절감을 안겨준다. 일단 시작은 아주 작은 것부터, 내가 현재 가지고 있는 권한 내에서의 조그마한 변화를 만들어내는 것부터 해보도록 하자. 그러한 과정을 통해 내가 가지고 있는 좋은 의도와 능력이 인정받을 것이고, 그 윗단계의 조금 더 큰 변화에도 참여할 수 있는 기회가 열릴거라 기대한다.

④ 나의 편을 만들기

임원 코칭을 하다보면, 임원분들은 지금까지 맡은 일만 열심히 하다보니 조직 내/외부의 네트워크가 부족하다는 아쉬움을 많이 토로하신다. 정치적으로 누구누구 밑에 줄을 서는 이야기를 하는 것이 아니다. 내가 뭔가 아이디어를 내고 주장을 할 때, 나의 말에 동의해주고, 나에게 힘을 실어줄 만한 사람들이 얼마나 있는가 하는 이야기다. 이것은 술친구를 말하는 것도 아니고, 개인적으로 친한 사람을 말하는 것도 아니다. 나의 업무적인 역량을 인정해줄 수 있는 사람들을 조직 내부/외부에 만드는 것이 중요함을 이야기하는 것이다. 관계를 만들기 위한 노력을 하지 않아도, 돌쇠같이 열심히 일을 하다보면 다 알아주겠지 라는 기대는, 혼자 생각을 할 때는 행복할지 모르겠지만, 실제 기대만큼 상황이 따라오지는 않는다는 것이 우리의 선배들이 하는 이야기이다. 적절한 기회에 효과적인 방법으로 내가 어떤 생각을 가지고 있고, 어떤 일을 하고 있으며, 어떤 성과를 거두고 있는지에 대해 상사/동료/후배들에게 보여주는 것도 중요하다고 생각된다.

Self-Checklist

나는 조직이 가지고 있는 위계질서에 대해 어느 정도 익숙하고, 수용적인지 한번 살펴보자. Yes가 많아도 정상이고, No가 많아도 정상이다. 다만 Yes보다 No가 많다면, 내가 위계질서 문제에 대해 불편해하고 있는 점이 무엇인지, 어떻게 접근해서 그 문제를 풀 수 있을지에 대해 생각해보면 좋겠다.

1. 나는 조직에서 업무수행 시 정해진 규칙과 규율을, 별로 불편하지 않게 지키는 편이다

   Yes / No

2. 나는 조직에서 회의를 할 때, 나의 낮은 직급 때문에 의견을 내지 못하고 말을 아끼는 편이다.

   Yes / No

3. 조직에서는 업무의 효율성을 위해 위계질서를 통한 체계를 가지는 것이 좋다고 생각한다.

   Yes / No

4. 나는 조직에서 개인적으로 내 의견을 적극적으로 내세우기보다는, 사람들과 함께 무언가를 만들어가야 한다고 생각한다.

   Yes / No

5. 나는 조직에서 상사의 지시에 대해서는 일단 따라가 보는 것이 좋다고 생각한다.

   Yes / No

2. 일처리방식 문제 풀기: 이영우씨의 이야기(54p)

상대방의 의도 이해하기

① 적절한 시기에 도움을 주고 싶다

'일을 진행하는 과정에 있어서, 상사의 역할이 무엇인가' 라는 생각이 든다. 조직에서, 부서에서 기대하고 계획한 방향으로 일이 잘 흘러갈 수 있도록 조율하고, 점검하고, 방향조정을 해주는 사람 아닌가. 뭔가 실수가 생기거나 사고가 터지기 전에, 미리미리 챙겨서 부하들이 더 힘들어지는 것을 막아주고 싶다. 그러려면 뭐가 어렵

고, 무슨 장애물이 있는지를 그때그때 빨리빨리 이야기해줘야만, 내가 도움을 줄 수가 있다. 더 솔직히 말한다면, 내가 묻기 전에 이야기를 해주었으면 좋겠다. 그런데 "잘 되고 있습니다. 열심히 하고 있습니다"라는 이야기만 하고, 제대로 이야기를 해주지를 않는다. 그러니까 자꾸만 묻게 되고 재촉하게 되는데, 나도 괴롭히는 것 같아서 불편한 마음이 들지만, 어쩔 수가 없다.

② 일을 하는 방법을 알려주고 싶다

우리 회사에 들어올 정도면, 솔직히 똑똑하고 머리 좋고 일 잘하는 사람인 것은 분명하다. 나도 그건 인정한다. 하지만 경험부분에 있어서는, 상사나 선배들만큼 능숙하거나 노하우가 많지 않은 것도 분명하지 않은가. 그러니까 상사로서 해야 할 일은, 우리 조직에서 효과적으로 일을 하는 방법이 무엇인지를 보여주고, 가르쳐주는 것이라고 생각한다. 마감일은 왜 지켜야 하는지, 중간보고는 왜 해야 하는지에 대해 말이다. 그러려면 일을 하면서 나랑 많이 이야기를 해야 하기 때문에, 불러서 물어보게 된다.

③ 최적의 성과를 만들고 싶다

아무리 부하직원이 담당한 일이더라도, 내가 상사의 자리에 있는 만큼 그 일의 최종 책임은 내가 져야 한다. 윗분들에게 내가 욕먹고 싶지 않아서 그런다는 것보다는, 우리 부서에서 하고 있는 일이기 때문에 기대한 수준보다 더 높은 성과를 올리고 싶은 것이 솔직히 개인적인 욕심이다. 그렇기 때문에 야단도 치게 되고, 채근도 하게 되는 것 아니겠나. 어려운 상황에서도 나름 열심히 하고 있는 친구들에게 미안하기도 하지만, 상사로서 내가 해야 하는 일이 그런 것이고, 가장 좋은 성과를 내기 위해 그러는 것임을 이해해줬으면 좋겠다.

상대방의 감정 이해하기

① 갑갑함

요새 젊은 친구들과 같이 일을 할 때 가장 답답한 것이, 일을 하는 중간에 말을 안 한다는 거다. 그냥 옆에서 봤을 때 뭔가 잘 안 되고 있는 것 같은데도, 혼자서만 머리를 쥐어뜯고 있고, 절대 나한테 이야기를 안 한다. 왜 그러는지 모르겠다. 빨리빨리 뭐가 잘못되고 있는 것 같다고 자수를 해주면, 한두마디 잔소리를 할지는 모르겠지만, 해결책을 신속하게 찾을 수 있을 것 아니냔 말이다. 끼니때에도 제대로 밥도 안 먹겠다고 하고, 혼자 모니터를 노려보고 있는 뒷모습을 보고 있으면, 진짜 갑갑함에 속이 터지는 것 같다.

② 의구심

내가 상사로서 믿음을 주지 못했나. 내가 자기를 도와줄만큼의 실력이 없다고 생각하는 건가. 별별 의구심이 다 든다. 어떨 때 화가 머리끝까지 날 때에는, 일부러 나 골탕먹으라고, 내 뒤통수 치려고 저러는 건가 그런 생각도 든다. 상사라는 인간이 옆에 있는데, 도움을 주려고 대기중인데 말이다. 왜 나를 활용하지 않는 걸까. 그렇게 자신이 있나. 이해가 잘 되지 않는다.

상대방의 약점 이해하기

① 접근가능성 강화 필요성에 대한 인식이 부족하다

중간관리자나 임원 대상으로 리더십 인터뷰를 할 때, "'부하육성'을 어떻게 하고 계세요?"라는 질문을 한다. 제일 많이 나오는 대답은, "네! 저는 부하들이 언제나 저에게 의논을 하러 올 수 있도록, 제 방문을 활짝 열어놓고 있습니다"이다. 하지만 안타까운 것은, 그 부하직원들에게 상사의 리더십에 대해 의견을 물어보면, "아무리

문을 열어놓아도, 들어가고 싶지 않습니다!"라는 대답이 나온다는 것이다. 관리자로서 갖추어야 하는 핵심적인 역량들 중 하나는, 접근가능성(approachability)이다. 부하직원이 어려움이 생기거나, 논의하고 싶은 일이 생겼을 때, 서슴지 않고 상사에게 다가올 수 있는 여지나 환경을 얼마나 조성하고 있는가의 이슈이다. 자랑하고 싶은 일이 있다면 누구나 상사에게 쉽게 다가가서 말을 걸겠지만, 뭔가 문제가 생겼을 때, 그것이 특히 내 실수로 벌어진 일이라면, 상사에게 알리지 않고 최대한 나 혼자 해결해 보고 싶은 것이 사람 마음이다. 따라서 어려운 상황에서 상사에게 부하직원이 다가와서 도움을 요청할 수 있도록, 평소에 부하와의 신뢰관계를 강화하는 것이 중요한데, 이 부분에 대한 관리자의 인식 정도는 아직 그다지 높지 않은 것이 안타까운 현실이다.

② 상식사전이란 세상에 단 하나밖에 없다고 생각한다

"어떻게 그렇게 비상식적인, 상식에 맞지 않는 행동을 할 수 있는지 모르겠어요!" 부하의 업무처리방식에 대해 불평을 하는 관리자들이 공통적으로 하는 대사이다. 그 말을 듣고 있으면, '상식'이라는 것이 뭐였던가 하는 생각이 든다. 네이버 국어사전을 보니, 상식(常識)이란 '사람들이 보통 알고 있거나 알아야 하는 지식. 일반적 견문과 함께 이해력, 판단력, 사리 분별 따위가 포함된다'라고 나와 있다. 여기서 우리가 유의깊게 봐야 할 부분은 '알고 있거나, 알아야 하는 지식'이다. 시간이 갈수록 상식이란, 사람의 문화, 특성, 준비도 등에 따라 조금씩 달라지는 것 같다. 즉, 부하직원이 10명이고 상사가 1명 있으면 그 부서에는 11개의 상식사전이 존재하는 것이다. '나의 상식사전에 네가 맞춰!' 라는 방법은 이제 더 이상 효과가 없는 시대가 왔지만, 많은 관리자들이 아직 그 부분에 대한 이해도가 높지 않다.

③ 구성원 특성에 맞는 맞춤식 코칭 제공에 서투르다

관리자 워크샵에서 "내가 상사/리더로서 가지고 있는 무기는 몇 개 정도 된다고 생각하십니까"라고 질문을 하면, 다들 머리를 긁적이며 멋쩍은 듯 웃으신다. "솔직히 우리가 어릴 때에는, 다 알아서 크는 거였지, 상사들은 그냥 가져가면 결재해주는 사람이었거든요. 뭐 배운 것이 있어야 리더로서의 무기도 만들지요. 그냥 내가 아는 것 하나 정도 가지고 있는 것 같습니다." 우리가 앞에서 살펴보았듯이, 예전에는 조직의 구성원이 기성세대와 신세대 정도로만 나뉘었었다면, 이제는 475, 386, X세대, Y세대로 나뉘고, 그 세대 안에서도 수많은 개별 특성들이 존재하는 시대가 되었다. 게다가 곧 우리가 아직 잘 모르고 있는 Z세대도 사회진출의 첫 발을 내딛을 것이다. 이렇게 다양한 특성의 부하직원들과 함께 효과적으로 일하려면, 그들의 특성을 민감하게 파악하고, 그 특성에 맞는 업무코칭이나 성과코칭을 하는 것이 필요하다. 그래서 지금 관리자들에게 많이 요구되는 것이 부하육성 및 성과코칭 역량이라서, 나름 열심히 연습들을 하고 계시다. 조직에서도 교육을 제공하고 있고, 개인코치도 붙여주고 있으며, 좋은 책들도 많이 권해드리고 있는 상황임을 이해하고, 조금 기다려주는 여유를 가져보자.

새롭게 연습해보기

A. 상사관리

① 조직의 효과적인 일처리 방법에 대해 문의하기

위에서 이야기했듯이, 상사들은 우리 부서의 상식사전은 한권만 있다고 생각하는 경우가 많다. 그렇다면, 우리 자신을 한번 돌아보자. 나의 일처리 방식만 옳다고 생각하는 것은 아닌가? 내 일처리 방식이 정말 우리 조직, 우리 부서에서 가장 효과적인 것인가? 가장 먼저 해봐야 할 일은, 우리 조직에서 이상적이고 효과적이라고 검증되어 있는 일처리 방식은 어떤 것인지 파악하는 일이 될 것이다. 앞의 '위계질서 문제 해결하기'에서 이야기했듯이, 내 눈에는 다소 비합리적이고 비효과적이라고 해도, 현명하고 자연스러운 변화를 시도하기 위해 처음으로 해야 할 일은, 조직과 상사들이 인정하는 일처리에서의 best practice는 어떤 것인지에 대해 알아봐야 하는 일이다. 직속 상사에게도 문의하고, 같은 부서의 선배들에게, 다른 부서의 상사에게, 다른 부서의 선배들에게도 물어서 다양한 정보를 수집하고, 그 안에서 내가 따라갈 업무전략을 구축해보도록 하자.

② 상사와 나의 업무스타일을 조율하기

조직에서 인정하는 일처리 방식을 파악한 다음에는, 직속 상사와 나의 업무 스타일을 파악해 보는 것을 권하고 싶다. 사람마다 자신이 선호하는 방식이 존재하고, 그 방식을 인정하고 존중하면서 합의점을 찾는 것이 효과적일 때가 많다. 어떤 방법을 편안하게 생각하고 어떤 방법을 불편해하는지, 어떤 절차는 꼭 갖춰져야 한다고 생각하는지, 그 이유는 무엇인지에 대해 정리해보고, 파악된 부분에 대해 상사와 함께 공유해보자. 상사가 알아서 이해해주기를 바라는 니즈는 너무나 이해가 잘되기는 하지만, 그 니즈가 충족될 가능성은 솔직히 말해서 그다지 높지 않다. 상사는 한명이고 부하직원은 여러명인 경우가 많으니 말이다. 그렇다면 목마른 사람이 먼저 우물을 파는 것이 현명하지 않겠는가. 내가 먼저 접근해서, 내가 알게 된 것을 알리고, 최적의 방법을 위해 논의해보도록 하자. 이때 중요한 것은 무엇을 알린다, 안 알린다의 문제(what)가 아니다. 어떻게 하면 '효율적으로' 알릴 것인가의 문제(how)라는 것을 기억하자.

B. 자기관리

① 업무진행 계획표 수립하기

물론 사람마다 선호하는 업무스타일이 있다. 하지만 공통적으로 적용가능한 tip 또한 존재한다고 생각한다. 계획표를 세우지 않고 일을 하게 되면, 솔직히 마음은 편하다. 정해진 약속이 없기 때문에 혹시 일이 지연되거나 문제가 생긴다 해도, 켕기는 곳이 없게 되기 때문이다. 하지만 조직에서의 업무는 대부분 수많은 약속으로 구성되어 있다. 내부 고객(직속상사, 상사의 상사, 협력 부서의 담당자, 협력 부서의 상사 등)과 외부 고객과의 약속들 말이다. 그 약속을 지키기 위해 도움이 될만한 방법은, 업무진행 계획표를 세우는 것이다. 내가 해야 할 일이 무엇인지에 대해 상사와 충분히 세부적으로 논의를 한 후에, 그 목표를 달성하기 위한 시간&업무를 배분하는 계획표를 만들어보자. 종이에 써보아도 좋고, 스마트폰이나 컴퓨터를 이용해도 좋다. 중요한 것은 단계가 있어야 한다는 것이고, 언제든지 쉽게 볼 수 있는 형태여야 한다는 것이다. 가끔 "바빠 죽겠는데 계획표 만들 시간이 어디 있습니까" 하는 분을 만나게 된다. 하지만 계획없는 여행에서 장애물에 걸려 넘어지고, 그 장애물에 의해 생긴 상처를 복구하는 것보다는, 초반에 명확하게 업무달성 여행을 구조화하는 것이 더 도움이 되고, 시간을 절약할 수 있다는 것은 대부분의 우리 선배들이 인정하는 사실이다.

② 중간보고 연습하기

"상사로서 가장 원하는 부하직원은 어떤 사람입니까?"라고 관리자들에게 물어보면, '중간보고를 잘하는 사람이요!'라고 입을 모아 외치는 경우가 많다. 하지만 부하직원들에게 중간보고에 대해 물어보면, "중간보고를 하면 왠지 일 못하는 것 들키는 것 같고, 괜히 이야기했다가 일을 더 키울 것 같아서 최대한 보고를 미룰 수 있을 때까지 미루려고 해요"라는 대답이 많이 나온다. 결국 중간보고를 두려워하는 큰 이유는, 일이 더 늘어날까에 대한 두려움과, 자신의 능력부족을 들키고 싶지 않은 두려움인 것이다. 이 두려움을 해결하기 위해서는 일을 시작하면서 중간중간에 어떻게 보고를 할 것이고, 어떤 정도의 결과물을 만들어낼 것인지에 대한 절차 및 과정을 상사와 합의하는 것이 필요하다. 그리고 아직 완성되지 않은 결과물에 의해 본인의 능력이 잘못 평가받을 것에 대한 두려움에 대해서도 상사에게 공유하는 것이 도움이 된다. 자신의 두려움을 정면으로 직시하고, 덤벼들어 해결해보려는 사람만이, 그 두려움에 지지 않고 맞설 수 있음을 기억하자.

③ NO라고 말하기

조직에서 인정받는 사람이 되기 위해서는, 부탁이나 요청을 거절하지 말아야 한다는 생각을 가진 구성원들을 종종 만난다. 그분들의 책상을 보면, 본인의 고유 업무와 누군가를 도와주기 위해 받아온 일들로 꽉꽉 차 있는 경우가 대부분이다. 그래서 본인이 원하는 만큼 조직에서 인정을 받고 있는지를 알아보면, 안타깝게도 조직에서의 이미지는 정반대로 나오곤 한다("오지랖이 넓어서 자기 일을 제대로 못하는 사람이야"). 상사나 선배들도 우리가 현재 걷고 있는 길을 앞에서 먼저 걸어온 사람들이기 때문에, 어떤 일이 어떻게 진행되어야 하고, 이 일을 하는데 있어서 어떤 어려움이 있는지에 대해 파악하고 있다. 그럼에도 불구하고 나에게 부탁을 하는 이유는, 내가 들어주고, 해줄 것이라는 믿음과 기대가 있기 때문이다. 그 기대를 달성하지 못한다면, 부탁을 들어줘서 고맙다는 생각은 한순간 사라져버리고, 오히려 '처음부터 못한다고 하지 그랬어'라는 비난을 듣게 되기 마련이다. 다시 한번 강조하고 싶다. 지금은 어떤 내용의 메시지를 줄 것인가(네, 해드리겠습니다! 라는 것만이 정답인)가 중요한 상황이 아니라, 내가 전달하고 싶은 메시지를 효과적으로 전달하기 위해서는 어떻게 해야 할지(예: "제가 지금 이러저러한 일을 하고 있어서, 그 업무의 마감일이 이 날 이거든요. 그래서 부탁하신 일을 병행하기는 쉽지 않은 상황입니다. 팀장님께 먼저 업무일정과 분량조율에 대해 문의를 드린 다음에 답을 드려도 괜찮을까요? 바로 도와드리지 못해 정말 죄송합니다.")에 대한 고민이 필요한 상황이다.

Self-Checklist

나의 일처리 방식에 대해 한번 점검해보자. 아래의 문항에서 'NO'보다 'YES'가 더 많이 나온다면, 일을 하는데 있어서 상사나 선배들이 나에 대해 오해를 할 수 있는 가능성이 있으므로, 다시 한번 나의 모습을 뒤돌아보고, 보다 효과적인 일처리방식에 대해 고민해볼 필요가 있겠다.

1. 나는 일을 할 때, 정확히 이해하지 못하더라도 일단 시작하고 본다.
   Yes / No
2. 나는 일을 할 때, 잘 모르는 부분이 있어도 아는 한도 내에서 해결한다.
   Yes / No
3. 나는 일을 할 때, 계획을 세우고 일하지 않는 편이며, 완성도가 있을 때까지 일을 놓지 않는 편이다.
   Yes / No
4. 나는 일을 할 때, 최종 성과 보다는 열심히 하는 과정이 더 중요하다고 생각한다.
   Yes / No

5. 나는 일을 할 때, 최대한 주위로부터 부정적인 피드백을 받지 않으려고 애쓴다.

Yes / No

3. 피드백 문제 풀기: 오윤진씨의 이야기(61p)

상대방의 의도 이해하기

① 일을 통해 배우는 것이 가장 좋다

내가 회사 생활을 오래 해보니까, 상사가 붙잡고 이야기해주고, 가르쳐준다고 이야기를 해도, 머리에 남지를 않는다는 것을 알게 되었다. 결국은 자기가 직접 몸으로 경험을 해봐야 알게 되는 거다. 그러니까 인재를 키우려면 최대한 다양한 업무에 노출되도록 해주고, 스스로 깨닫게 하도록 하는 것이 좋은 방법이라고 생각한다. 내가 일일이 다 가르쳐주고, 어떻게 해야 하는지를 다 말해줘봤자 못 알아들을 텐데, 이 방향이 맞는 건지 아닌 건지 정도만 말해주면 될 거라고 믿는다.

② 약간 장난식으로 이야기하면, 양쪽 다 무안하지 않고 좋을 것 같다

젊은 친구들은 내가 지금까지 경험했던 조직생활에서는 잘 하지 않는 행동을 하는 것 같다. "저는 이런 것을 잘해요!"라고 자기 입으로 이야기하고, 어른들 앞에서도 하나도 기죽지 않고 따박따박 이야기하는 것이 좀 당황스럽다. 그렇다고, '너 제발 좀 그러지 마라'라고 대놓고 이야기하기도 좀 그렇고 말이다. 지나가는 투로, 그냥 반 장난식으로 이야기하면, 자기 이야기인줄 알고 행동을 조심하지 않을까 하는 생각을 했다. 이제 어린 애들도 아니고 어른인데, 그 정도면 알아듣지 않을까 싶었다.

③ 먼저 경험한 선배로서 노하우를 알려주고 싶다

특히, 시간이 지나면 자연스럽게 알게 되는 일들에 대해서는 미리 가르쳐주고 싶은 마음이 많다. 신입사원 때 끌탕을 했던 일들도 시간이 지나고 경험이 쌓이다보면, 아무것도 아니었다는 것을 알게 되니 말이다. 그러다보니 미리 알고 있었으면 하는 마음에, 사원급일 때에는 어떻게 행동을 해야 하는지에 대해 이야기를 자꾸 하게 된다. 듣는 입장에서는 좀 잔소리같이 여기고, 왜 자기 마음을 안 알아주나 서운할 것 같기도 하지만, 들어서 나쁜 이야기는 절대 아니지 않은가. 입에 쓴 약은 몸에 좋다고 이해하고 들어주었으면 좋겠다.

상대방의 감정 이해하기

① 분노감

내가 하는 이야기를 진정성있게 듣기보다는, 자신의 입장에 대한 방어를 하려고 하고, 따박따박 논리를 따지면서 이야기를 하는 모습을 보면, 상사로서의 능력과 역량을 의심받는 듯한 기분이 들어 화가 난다. 좋은 상사–부하 관계를 만들고 상사의 역할을 잘 해주고 싶은데, 나를 믿고 신뢰하지 않으면서, 나를 계속 테스트하고 있는 듯한 느낌도 든다. '나를 뭘로 보는 거지. 내가 만만한가. 나를 우습게 보는 건가' 하는 마음이 들어서 화가 난다.

② 답답함

회사 내에서 보여주는 행동이나 언어적 표현에 대해 조금 더 신경을 썼으면 좋겠는데, 상사나 선배들이 불편해하는 모습을 보여도 잘 알아차리지 못하는 모습에 영 답답하다. 조금만 더 눈치가 빠르면 좋겠고, 자신의 말이나 행동이 상대방에게 어떤 영향을 미치는지에 대해 마음을 조금 더 쓰면 좋을텐데. 그게 그렇게 어려운 건가 싫어서 답답한 마음이 크다.

③ 당황스러움

내가 2-30대에 회사생활 할 때에는 보이지 않았던 모습이 나타나니까, 어떻게 대응해야 할지를 잘 몰라서 당황스럽다. 어떤 생각을 가지고 있는지, 뭘 원하는 건지도 잘 모르겠고, 어떻게 해야 회사에서 잘 성장할 수 있는 인재로 육성할 수 있는지도 파악하기가 어렵다. 좀 가까이 다가가려고 하면, 지나치게 친밀한 모습을 보이는 것도 당황스럽고, 그렇지 않으면 아예 자신에 대해서는 입을 열지 않으려고 하는 태도도 당황스럽다.

상대방의 약점 이해하기

① 균형있는 피드백 역량이 미숙하다

앞에서 이야기했듯이, 상사나 선배들은 조직의 변화요구에 발맞추기 위해 현재 긍정적 피드백과 부정적 피드백을 균형있게 제공하는 연습을 하고 있다. 예전에 선배들이 나와 비슷한 연령대였을때, 그들은 지금의 나보다 더 피드백을 제대로 받아본 적이 없었다. 그 때의 조직 문화란 위계질서가 명확했으며, 장유유서(長幼有序) 사상이 투철했기 때문에, 윗 사람이 까라면 까는 거고, 하지 말라면 그냥 하지 않는 분위기였기 때문이다. 그런데 요새의 젊은 세대와 효과적으로 같이 일을 하기 위해서는, 열심히 노력한 것에 대해서는 인정해주고 알아주며 그 행동이 또 일어날 수 있도록 촉진하는 긍정적 피드백을 주는 것이 중요하다는 이야기를 상사/선배들은 계속 듣고 있다. 그리고 뭔가 방향이 잘못 잡혔거나 판단이나 수행을 잘못한 일에 대해 왜 이러한 문제가 생겼으며, 그 행동으로 인해 어떤 영향이 생기고, 앞으로 조직이나 부서에서 기대하는 바는 어떤 것인지에 대해 제시하는 부정적(발전적) 피드백도 매우 중요하다는 교육을 받고 있다. 따라서 그들도 지금 노력중인 것을 이해해주자.

② 구체적인 목표 제시가 서툴다

우리가 상사들에게 피드백을 받을 때 불만스럽게 느끼는 것들 중의 하나는, 지시받은 일을 수행하는 데 있어서 기대하는 바는 어떤 것인지에 대한 제시를 제대로 받지 못한다는 점이다. 앞에서 이야기했듯이 상사들이 처음 회사에 입사했을 때에는, 체계적인 교육을 받게 되는 것보다는, 도제식으로 직속 선배가 일하는 것을 따라다니며 구경하고, 어깨너머로 배우라는 식으로 일이 진행되는 경우가 많았다. 역량을 개발하는 것은 개인적으로 해야 할 일이기 때문에, 조직이나 부서 관리자들이 신경 쓸 일은 아니었던 것이다. 그러다 보니 일을 지시하는데 있어서 '개떡같이 말해도 찰떡같이 알아듣는' 행동을 기대하게 되기 마련이다. 하지만 요즘 상사들은 이 역시 경험이 적은 부하직원들에게는 기대하는 바를 명확하게 전달하는 것이 좋다는 것을 교육받고 있다. 따라서 나에게도 보다 구체적이고 세부적인 지시를 하기 위해 노력하고 있다는 것을 알아주자.

③ 상대방의 감정을 이해하고, 표현하는 공감행동에 서툴다

나의 상사/선배들은 이성적/합리적인 리더십에 더 익숙한 세대들이다. 즉, 어떤 일을 처리하는데 있어서 머리로 생각하고, 머리로 이야기한다. 하지만 현대의 리더십은 감성을 활용하는 것이 효과적이라는 것을 주장하고 있다. 따라서 상사들도 어떻게 하면 부하에게 동기부여를 할 수 있을지, 자기주도적으로 일을 할 수 있는 태도를 어떻게 키워줄 수 있을까를 고민하고 있다. 다만, 우리나라에서 관리자의 다수를 차지하고 있는 성인 남성들은 문화적으로 자신의 감정을 예민하게 관찰하고 효과적으로 표현하며, 상대방의 감정을 배려하며 읽어내는데 서툴다는 것을 우리도 인정할 필요가 있다.

④ 본인의 역할 중에 '부하육성'이 있다는 것을 알게 된지 얼마 되지 않았다

요새와 같은 불경기에, 관리자들에게 매일매일 무겁게 다가오는 것은 성과와 실적에 대한 압박이다. 그러다보면 당장 해결해야 하는 업무적인 문제와 마감일까지 완료해야 하는 일에 주초점을 맞추게 되고, 그 일을 해내기 위해 구성원들의 업무속도를 촉진시키는 일에만 관심을 가지게 되기 쉽다. 그러한 과정 속에서 부하직원들은 성장과 역량개발에 대해 목마르게 되기 마련이다. 우리의 상사들도 평소에 부하육성을 해야만 조직의 미래를 만들어나갈 수 있다는 것을 이제 인식하고 있고, 관리자 교육을 받을 때에도 '부하육성'이 자신의 책임이자 의무라는 사실을 배우고 있다. 연말의 성과평가를 받을 때에도 리더십과 부하육성이 평가 항목으로 포함되고 있으니 말이다. 따라서 상사들도 정기적/지속적인 육성을 수행하기 위해 노력하고 있다는 것을 알아주자.

새롭게 연습해보기

지금까지 살아왔던 날들보다 앞으로 살아갈 날들이 더 많은 우리. 상사와 선배에게 피드백을 받아야 할 것들도 많다. 그렇다면, 그분들과 생산적이고 효율적인 관계를 맺으면서(동시에, 쓸데없는 오해를 받거나 비난을 받지 않으면서), 나에게 도움이 되는 피드백을 잘 받으려면 어떻게 하면 좋을까?

A. 상사관리

'관리'라고 하면, 대부분 우리는 상사가 부하직원을 관리하는 것으로 생각하기 쉽다. 하지만 우리도 조직생활을 효과적으로 잘해내려면, 상사를 경영하고 관리하는 것이 필요하다. 간단히 말해서 '상

사관리'란 '나의 업무에서 성공을 거두기 위해, 상사가 나의 일에 적극적으로 참여하도록 하고, 명확한 지시를 내리게 하고, 필요한 자원과 피드백을 지원해주도록 하는 것'이다. 그러면 무엇을 어떻게 하면 될까?

피드백 문제를 해결하는데 있어서, 상사관리를 잘 하기 위해 신경을 쓸 것은 두 가지 정도를 들 수 있겠다.

① 업무를 부여받았을 때, 나에게 상사가 어떤 기대를 하고 있는지를 적극적으로 파악한다

상사와 오래 이야기하는 것은 사실 좀 껄끄럽다. 그러다보면 뭔가 업무지시를 받았을 때 "네, 알겠습니다"라고 바로 말을 하지만, 속으로는 '이따가 옆자리에 있는 민강식 선배한테 물어봐야지'라고 생각하는 경우가 많다. 희한하게도 껄끄러움은 만나기 싫어서 도망칠수록 점점 더 커지는 요물같은 녀석이다. 초반에 조금 힘들더라도 시간과 에너지를 들여서, 기대되는 최종 성과와 업무 목표, 중간보고 및 점검 방법에 대한 합의를 명확하게 해놓을수록, 그 후의 일을 진행하기는 훨씬 더 수월해질 것이다.

② 업무진행시, 상사에게 업무성과에 대한 피드백과 조언을 능동적으로 요청한다

앞에서 상사는 부하직원이 다가와서 어려움에 대해 도움을 청하도록 하는 '접근가능성'을 높여야 한다고 이야기했었다. 그렇다면 우리 입장에서 해야 할 일은, 상사가 그 접근가능성을 높이기 위해 노력하는 동안, 다양한 방법으로 접근하여 도움을 요청하는 일이 될 것이다. 이를 위해서는 '일처리방식 문제 해결하기'에서 함께 이야기했던, 상사와 나의 업무스타일을 명확하게 파악하고, 서로에게 알리며, 합의점을 찾는 작업이 선행될수록 효과적일 거라 생각된다.

조직의 사원/대리급을 대상으로 한 Followership 교육에서 위의 두 문항에 대해 스스로의 모습을 돌아보기를 요청해 보면, 현재 많이 하지 않는다는 대답이 대부분이다. 직급도 낮고 경험도 적은 시기에는, 아무래도 다소 수동적이고 소극적인 태도를 취하기가 쉽다. “아직 나는 어린데, 아직 나는 경험이 없는데, 나한테 시키는 일만 잘하면 되지. 내가 뭘 할 수 있겠어?”라고 말이다. 하지만 지금의 상황에서 내가 원하는 삶을 살기 위해 필요한 것들을 얻으려면, 상사의 도움이 매우 크게 필요하다. 누군가의 조력을 잘 받으려면, 필요한 사람이 우물을 팔 필요가 있다. 게다가 물어보지 않고 확인하지 않으면, 상사 입장에서는 내가 잘 알고 있다고 오해하는 경우가 많다. 그런 상황에서 방향을 잘못 잡고 있다는 것이 밝혀지면, 덤터기를 쓰게 되는 것은 내쪽이다. 평소에 상사관리를 잘해야만, 내가 열심히 하는 것에 대해 제대로 인정받을 수 있는 것이다.

B. 자기관리

① 표현능력 개발하기

이성친구와 연애를 할 때를 생각해보자. 문자를 보낼 때, 전화를 할 때, 메일을 보낼 때, 직접 만났을 때, 어떻게 하면 내 마음을 효과적으로 잘 전달할 수 있을까를 고민했던 기억이 날 것이다. 이성친구가 어떤 이야기를 할 때 잘 이해하는지, 어떤 것을 좋아하는지, 어떤 것을 싫어하는지 알기 위해 예민하게 상대방을 관찰하고, 머릿속에 저장해두려 애썼을 게 뻔하다. 그렇다면, 우리가 상사에게 이야기를 할 때를 생각해보자. ‘효과적인 표현’에 대해 어느 정도 고민하고 있을까? 상사라고 해서 커뮤니케이션의 달인인 것은 아니다. 우리가 모호하게 이야기해도 기가 막히게 알아듣지 못한다. 게다가, 상사와 우리는 자라온 문화가 다르다. 언어습관도 다르다. 그만큼 더 신경을 써서 표현할 필요가 있다. 우리가 상사에게 표현을 하는 경우를 2가지로 나눠서 생각해보자.

질문하기

무언가를 물어보고 싶을 때에는, 타이밍과 어조를 신경쓰자. 우리가 싸가지가 없다고 오해를 받는 상황을 다시 한번 살펴보면, 다소 조급하게 질문을 하고, 다소 짧게 질문을 하는 경우가 많은 것 같다. 상사의 말이 끝나기가 무섭게 "왜요?" "그거 아닌데요?"라는 이야기를 하게 되면, 상사가 나의 의도에 대해 오해를 하게 되기 쉽다. 질문을 하고 싶을 때에는, 상사의 말이 끝난 다음 한 템포 쉬고, 어떤 것이 궁금한지에 대해 가능한 한 완전한 형식을 띈 문장으로 질문해 보자. 핵심만을 전달하는 것이 중요하기는 하지만, 의사소통에서 더 중요한 것은 상대방에게 내가 어떤 것이 궁금한지, 왜 그것이 궁금한지의 이유를 명확하게 알려주는 일이라고 생각된다. 상사와의 대화는 친구와 갖는 카카오톡 대화와는 구별이 될 필요가 있다. 조금 더 신중하게, 조금 더 구체적으로, 조금 더 시간 여유를 가지면 좋겠다.

자기 주장하기

의사소통을 하는데 있어서 우리가 지양해야 하는 것은, 상대방도 나와 똑같이 느끼고 있겠지, 똑같이 생각하고 있겠지 라고 미루어 짐작하는 행동이다. 베르베르의 소설에 나오는 개미들 같이 더듬이만 마주하면, 상대방의 생각과 감정, 과거 경험이 전기 흐르듯이 전달되면 얼마나 편하겠는가. 하지만 인간은 스스로를 명확하게 설명하지 않는다면 상대방에게 나를 이해시키기란 쉽지 않은 존재이다.

나는 지금까지 충분히 생각을 해왔기 때문에, 생각의 마지막 부분에서 만들어진 말을 뱉는 것이지만, 상대방은 그 생각의 과정을 함께 한 것이 아니라 앞뒤가 잘라진 '일부의 말'만 듣게 되는 경우가 많다. 그런 경우, 내 주장을 효과적으로 설득하기란 어려울 것이다. 이제부터는 상사를 배려해서 내 머릿속에 있는 생각 과정들을 함께 공유해보는 시간을 가져보자. 시간이 조금 더 걸릴 것이고, 어떤 때는 귀찮을 때도 있고, 말이 자꾸 길어지는 것 같아 답답하기도 하겠지만, 그러한 연습 과정을 통해 상사와의 의사소통에 최적인 방법을 찾아내게 될 거라 생각된다.

② 공감능력 향상시키기

내가 어떤 말을 하고 어떤 행동을 했을 때, 상대방은 어떤 생각과 감정을 가지게 될지에 대해 상상하는 능력. 이것이 바로 '공감' 능력이다. 공감을 하려면, 상대방의 입장에 서 보는 것이 중요하다. 나의 입장에서 상황을 보면 상대방은 무조건 잘못한 거고, 실수한 거고, 배려가 없는 것이 당연하다. 하지만 상대방의 입장에서 보기 시작하면, 상황이 좀더 다르게 보이고, 동일한 상황에서도 할 수 있는 방법이 몇가지 더 나타나기 시작할 것이다. 내가 부하니까, 내가 어리니까, 내가 후배니까 무조건 숙여야 하고, 무조건 져드려야 한다고 이야기하는 것이 아니다. 커뮤니케이션에서 서로가 win－win 하는 상황을 만들기 위해, 상대방에 대해 생각해보는 시간을 가져보자는 의미이다.

③ 경력관리 신경쓰기

우리가 조직생활을 하는데 있어서 피드백을 필요로 하는 이유는, 내가 원하는 모습으로 발전하고 성장하는데 필요한 자원을 얻기 위함이다. 나는 스스로의 인생을 사는데 있어서 어떤 그림을 그리고 있고, 어떤 의미를 찾으며 삶을 꾸려나가기를 원하는지에 대한 생각이 기반이 되어야만, 그에 필요한 피드백을 효과적으로 찾게 될 것이다. 또한, 상사 입장에서도 이와 같은 태도를 보이는 부하직원에게 훨씬 더 quality 있는 피드백을 제공할 거라 생각된다. 직장인들이 스스로에 대해 '하루하루 벌어먹는 하루살이 인생'이라고 가치비하하는 이야기를 할 때가 있다. 하지만 그 하루를 어떻게 생산적으로 보내느냐에 따라, 하루살이는 하루하루가 모인 긴 인생을 살 수 있는 백년살이로 껍질을 벗고 새로 태어나게 될 것이다.

Self-Checklist

Quality 높은 피드백을 받기 위해 내가 얼마나 노력하고 있는지에 대해 한번 점검해보자.

아래의 문항에서 'Yes'보다 'No'가 더 많이 나온다면, 주위 사람들은 피드백에 관련된 나의 행동에 대해 오해를 하고 있거나, 불편감을 느끼고 있을 가능성이 있다. 그럴 경우, 위에서 논의했던 내용들을 기반으로 하여, 어떤 새로운 시도를 해보는 것이 좋을지 생각해보기를 권한다.

1. 업무를 부여받았을 때, 자신에게 상사가 어떤 기대를 하고 있는지를 적극적으로 파악하려 노력한다
   Yes / No
2. 업무진행시, 상사에게 업무성과에 대한 피드백과 조언을 능동적으로 요청하는 모습을 보인다
   Yes / No
3. 대화시 상대방의 이야기를 적극적으로 경청하며, 공감하려 노력하는 모습을 보인다
   Yes / No

4. 효율적으로 일을 진행하기 위해, 지속적/정기적으로 상사/선배와 커뮤니케이션을 한다

Yes / No

5. 상대방의 주장에 반대되는 의견을 전달할 때, 상대방에게 상처를 주지 않으면서도 수용도를 높일 수 있도록 애쓴다

Yes / No

4. 근무태도 문제 풀기: 정민혁씨의 이야기(69p)

상대방의 의도 이해하기

① 약속을 지키는 것의 중요성을 알려주고 싶다

여러 사람이 함께 일을 하기 위해서는 약속이 필요하고, 만들어진 약속을 지키는 것이 필요하다. 불합리한 것이 있다고 해서 바로 저항하고 한번에 다 없애버리려고 하기보다는, 차근차근 조금씩 변화를 추구하는 것이 바람직하다. 따라서 아직 조직 경험이 많지 않은 초보 직장인들에게는, 함께 약속을 지키는 것이 조직 생활을 하는데 있어서 얼마나 중요한지에 대해 알려주고 싶다.

② 평판 관리가 필요함을 인식시켜주고 싶다

요새는 젊은 사람들이 이야기하듯이 자기 PR이 중요한 시대이다. 그만큼 내가 가지고 있는 강점과 자원을 효과적으로 다른 사람들에게 어필하는 것이 필요하다. 그런데 안타까운 것은, 젊은 친구들이 평소에 보이는 자신의 모습에 대해, 조직의 다른 구성원들이 어떤 시각을 가지는지에 대한 이해도가 미흡하다는 것이다. 자신의 내면에 아무리 좋은 자원이 있고, 좋은 의도가 있다 하더라도, 그것이 주위 사람들에게 효과적으로 전달되지 않는다면 오해를 불러일으킬

수 밖에 없다. 물론 같이 오랫동안 일을 해본다면, 오해가 생길 가능성은 점점 줄어들 것이다. 하지만 같은 팀에 소속되어 있다 해도, 동일한 프로젝트를 아주 가까운 거리에서 함께 수행하지 않는 한, 그 사람이 보여주는 겉모습을 가지고 내면의 생각과 자원을 추론할 수 밖에 없다. 내용과 알맹이는 물론 중요하다. 하지만 겉으로 보여지는 모습을 통해 자신의 진정성이 잘 드러날 수 있도록 하는, 소위 '평판 관리'에도 신경을 쓰도록 육성해주고 싶다.

③ 팀웍의 필요성에 대해 가르치고 싶다

젊은 친구들을 보면, '나 혼자 모든 것을 잘해낼 수 있다'라는 자신감이 참 많아 보인다. 어떤 때에는 부러울 정도이다. 나는 저만한 나이 때에, '과연 해서 잘될까'라는 두려움과 조바심이 많았기 때문이다. 하지만, 내가 조직생활을 해오다보니, 혼자 뛴다고 해서 모든 문제가 잘 해결되는 것은 아니었다고 생각된다. 다양한 성격과 스타일, 능력을 가진 사람들이 하나의 팀을 이루어, 한가지의 목표를 달성하기 위해 노력하는 것이 조직생활이다. 기성세대들이 팀웍이 중요하다고 강조하는 데에는 나름의 이유가 있다. 팀웍이 없이, 스타플레이어들이 서로 잘났다고 부르짖기만 하는 팀에서는 지속적으로 좋은 성과가 나오기란 어려운 일이다. 이 사실을 젊은 친구들에게 꼭 알려주고 싶다. 단순히 이 회사에서만의 생활을 위해 이러는 것은 아니다. 주위의 사람들과 잘 어울리고, 협업을 하는 능력을 키우는 것은 앞으로 어느 분야에서 생활을 하든지 간에, 튼튼한 기반이 되어줄 수 있다고 확신한다.

상대방의 감정 이해하기

① 짜증남

이렇게 하면 일도 더 편하게 할 수 있을 것 같고, 사람들과도 잘 어울리면서 좋은 평가를 받을 수 있을 것 같아, 나름 좋은 의도를 가지고 조언을 해주는데, 절대 듣지 않으려고 귀를 막고 있는 듯한 느낌이 들어서 솔직히 짜증이 난다. 한 분야에서 경험을 많이 쌓았다거나 연령대가 높으신 분들이라면, 사실 쉽게 변화하기란 쉬운 일이 아니다. 본인의 가치관도 갈수록 굳건해지고 고집이 강해지므로, 사람들의 피드백을 받아들이기도 어렵다는 것은 이해가 간다. 하지만 아직 한참 여러 사람들에게 조언을 받고 피드백을 받는 것을 자양분으로 삼아 커가야 할 젊은 나이인데도, 본인이 아는 것이 세상의 모두인양 고집을 부리는 태도를 보면 가끔 혈압이 솟구치곤 한다.

② 무기력감 & 무능력감

주위에서 내미는 손을 거절하고 본인만의 가치관을 고집하는 친구를 보면, 계속 같이 가면서 케어하고 키우기보다는, 그냥 다른 부서로 보내거나 손 털어버리고 싶다는 생각이 솔직히 든다. 화가 나는 것을 넘어서서, 무기력감이 들때가 있다. "그래, 너 잘났으니까 혼자 해봐라"고 말하고 싶다. 기운이 쭉 빠지는 것 같고, 리더로서의 내 능력에 대해 회의가 들기도 한다. 내가 무능력해서 이 친구를 제대로 이끌지 못하는 것인가 하는 생각에 한심한 마음도 든다.

상대방의 약점 이해하기

갈등이 생긴다는 것은 일방적인 사유만으로는 절대 불가능한 일이다. 아마 상사와 선배들도 노력하고 있는 부분이 있을 것이다. 지금 당장 잘안되고 있는 것이 안타까워서 그렇지. "왜 나한테만 변화하라고 해!"라고 따지기 보다는, 저 사람들도 지금 어려워하는 것이 무엇일까 한번 생각해보고, 그분들에게 한발짝 다가가보는 것도 의미가 있을 것 같다.

① Work & Life Balance/Integration에 대한 이해가 어렵다

기성세대들에게 회사는 '삶' 그 자체인 경우가 많았다. 따라서 우리가 회사생활을 전체 삶 중의 일부로 생각하는 것에 대해 낯선 느낌을 받는 것은 당연하다. 그분들이 자연스럽게 받아들인 조직생활의 '상식'을 다르게 해석하는 사람들이 우리이니 말이다. '아~ 내가 너만할 때는 안 그랬는데, 너희는 어째 그러냐?' '야~ 내가 너만할 때는 이랬단 말이야. 요새 애들은 정말 약해빠져 가지고~' 이런 말들을 하게 된다. 관리자들은 요새 새로운 세대들을 맞이하여 어떤 조직문화를 만들어갈지에 대해 고민이 많다. 기존에 존재하던 문화를 무조건 강요하는 것이 아니라, 또한 새로운 세대에게 무조건 맞추느라 질질 끌려가는 것도 아니라, 앞으로 더욱 경쟁력이 있는 조직으로 성장해나가기 위해서 효율적인 조직문화를 만들어가려면 어떻게 해야 할지, 최적의 방법과 방향을 찾아가기 위해 애쓰는 중이다. 그들의 노력을 조금 더 이해해주고, 그 쉽지 않은 여정에 함께 참여해준다면, 좀더 좋은 결과가 신속하게 나오지 않을까 싶다.

② 구체적인 코칭을 해주기 보다는 '넌지시 이야기하면 알아듣겠지'라고 생각한다

기성세대들이 가장 많이 놓치고 있는 부분은, 자신의 눈높이로 우리를 바라보고 있는 것이다. 즉, 본인들이 지금까지 쌓아온 경험에 의해 이미 이해하고 있는 부분에 대해서는 큰 설명을 해주지 않고, 서로 민망스럽지 않은 수준에서 슬쩍 원하는 바를 이야기하게

되는 것이 우리를 더 어려운 상황으로 몰아 넣는다. 우리에게 가장 필요한 것은 이런 것이다: 현재 진행되고 있는 일의 전체적인 맥락과 배경, 이 일을 통해 얻을 수 있는 혜택들에 대해 거시적인 조망을 갖게 해주기. 그러려면 우리는 아직 친절한 교사와 같은 상사와 선배가 필요한데, 솔직히 말해 이분들이 우리만할 때에는 그렇게 관리자들이 체계적으로 부하를 육성해주는 분위기가 아니었다. 그런데, 요새는 리더에게 요구하는 역할과 역량의 내용이 다소 변화된 상황이다. 리더에게 요구되는 책임에 '부하육성'이 버젓이 들어가 있다. 따라서 이분들도 현재 후배들과 함께 효과적으로 일을 잘 해내기 위해서 기대하는 바와 현재 보여지는 모습과의 gap을 명확하게 지적하고, 변화해나가는 과정에 함께 해주려 노력하고 있는 중이다.

새롭게 연습해보기

A. 상사관리

① 상사에게 효과적으로 수용되는 소통방법을 찾기

상사에게 억울함을 호소하고 싶고, 도움을 요청하고 싶은 경우는 한두가지가 아니다. 시시때때로 질문하고 싶고, "제가 아니에요! 쟤가 그랬어요!"라고 외치고 싶고, "저 좀 인정해주세요!"라고 대놓고 부르짖고 싶기도 하다. 적극적으로 상사에게 어필하는 것은 좋다. 바람직하다. 이때 권하고 싶은 tip은 상사에게 어떻게 어필할 것인지에 대해 전략을 만드는 것이 좋다는 것이다. 문제상황에서 바로 화를 내는 것이 좋을지, 너무한게 아니냐고 하는 것이 효과적일지, "왜 저만 일이 많죠?"라고 따지는 것이 좋을지에 대해 상황을 파악해보자. 나의 좋은 의도를 잘 전달할 수 있고, 상사에게도 잘 이해될 수 있는 방법이 무엇일지에 대해 찾아보는 거다. 이 목표를 달성하기 위해서는, 평소에 상사에게 관심을 갖고 관찰해보는 것이 도움이 된다. “아니, 평소에도 그만보고 싶은 상사에게 관심을 가지라구요?”라는 대답이 나올 것 같지만, 저 사람이 내 이야기를 들어주게 하려면 어떻게 하는 것이 좋을까에 대한 해결책을 찾으려면, 관심을 갖고 보는 수밖에 없다. 그리고 주위 선배들에게도 조언을 얻어보도록 하자.

B. 자기관리

‘근무태도’라는 것에 대해 나는 어떻게 새롭게 바라보는 것이 좋을까, 지금까지는 하지 않았던 새로운 시도를 해볼 것은 무엇이 있을까 한번 생각해보자. 그러기 위해서는, ‘근무태도’란 과연 무엇을 말하는 것인지, 이번 기회에 새삼스럽게 다시 짚어보기를 제안한다. 국어사전에 보면, ‘태도’의 정의는 다음과 같다.

> 태도(態度)
> [명사] 1. 몸의 동작이나 몸을 거두는 모양새.
> 2. 어떤 사물이나 상황 따위를 대하는 자세.

간단히 말해서, ‘근무태도’란 조직에서 우리가 일하고 있을 때, 남들에게 보여지는 모습을 말하는 것이다. 내가 분명히 좋은 의도를 가지고 있는 데도 불구하고, 밖으로 보여지는 모습을 통해 그 의도가 제대로 전달되지 않는다면, 뭔가 다시 한번 점검해봐야 할 필요가 있다고 생각된다. 물론, 위에서 보았듯이 상사나 선배들이 우리에게 선입견을 가지고 오해를 하는 면도 분명히 존재할 수 있겠지만, 우리도 그 사람들이 알아서 우리를 제대로 이해해주기만을 기다릴 수는 없다. 우리쪽에서 뭔가를 할 수 있다면, 무엇을 점검해보면 좋을까?

① 나의 이익 찾기 & 협력 행동간의 균형 잡기

바퀴가 한 개 달린 손수레를 한번 떠올려 보자. 비닐하우스의 좁은 고랑을 지나가기 위해 만들어진 운송수단이다. 이 수레를 아무 생각 없이 밀고 가다보면, 휘청휘청하다가 수박 넝쿨 위로 엎어지기 일쑤이다. 어느 한 쪽으로 치우친다는 것은, 이 엎어진 수레와 같은 결과를 낳기 십상이다. 어느 만큼 나를 주장하고 내세우며, 어느 만큼은 다른 사람들의 입장을 살피고 내가 손을 내밀어야 할지에 대해서는, 사실 딱 한 가지 정해진 정답이 없다는 것이 가장 어려운 일이다. 유일하게 존재하는 해결책은, 다양한 상황에서 어떻게 하는 것이 좋을지에 대해 살펴보고, 최대한 많은 사람들에게 피드백을 받으면서 바람직한(내 자신과 타인이 모두 win-win할 수 있는) 근무태도를 만들어갈 수 있는 방법을 찾아내는 것이다. 그러려면, 매일매일 변화해나가려는, 조금씩 더 커가고 성숙해지려는 '태도'가 요구된다고 하겠다.

② 객관적인 시각에 대한 정보 얻기

내가 하는 모든 행동은, 내가 옳다고 생각하기 때문에, 내가 맞다고 느끼기 때문에 수행하는 것이다. 그렇지만 내 행동에 대해 다른 사람들은 나름대로의 시각과 생각을 가질 자유가 있다. 그리고 내가 마음의 여유가 있다면, 그 사람들의 피드백을 받아보면서, 나를 더 바람직한 방향으로 다듬어 나갈 수 있을 것이다. 그러려면, 앞부분에서 이야기했던, 나와 상사/선배들 사이에 놓여있는 강 위에 다리를 놓을 필요가 있다. 그 다리를 통해, 때로는 이해할 수 없어 머리를 쥐어짜거나 열심히 굴려봐야 하는, 때로는 찌르듯이 아파서 아예 받지 말걸 하고 후회할 수도 있는 피드백들이 자유롭게 왔다갔다 하도록 만들어주자. '나'의 색깔과 향기를 아예 없애버리고 다른 사람들의 기준에 맞춰 바람에 갈대 흔들리듯이 왔다갔다 하는

줏대나 주관이 없는 사람이 되라는 것이 아니다. 다양한 피드백을 받으면서, 보다 풍요로운 색깔로 나를 칠해나가면서, 보다 성숙한 나를 만들어가기 위해서는 어떻게 해야 할지 고민하는 시간을 늘려보자는 거다. 아직 우리는 앞으로 살아나가야 할 날들이 더 많이 남아 있다. 사람은 죽는 날까지 성장과 발전을 할 수 있는 가능성을 가지고 있는 존재라는 말을 기억해보자.

③ 새로운 시도해보기

'어느 것은 맞고, 어느 것은 틀리다'라고 미리 꽝 찍어서 정해버리면, 지금까지 살아왔던 것과 달라질 것은 아무것도 없다. 나와 다른 시각을 가진 사람으로부터, 이때까지 고려해보지 않았던 점에 대해 피드백을 들었다면, 다양한 관점을 가지고 그 시각을 분석하고 고려해보자. 그리고 내가 편안하게 해왔던 행동들을 다시 곱씹어보자. 뭔가 새롭게 시도해볼 수 있는 것이 있는지 말이다. 한 군데에 물이 고이면 썩기 마련이다. 매일 새벽에 생선을 구우면서 30년을 보내오신 식당 사장님도, 어떻게 하면 더 맛난 음식을 손님들에게 대접할 수 있을까를 고민하고 계신다. 내 몸에 편안하게 적응되었다고 해서 그것이 최적의 방법이라고 말할 수는 없다. 아무 생각 없이 해도 되고, 자연스럽고 편하긴 하지만, 좀더 나에게 도움이 되고 효과적인 방법이 따로 있을 수 있는 것이다. 예를 들어, 불합리한 일을 당했을 때 항의를 하거나, 새로운 기회를 얻기 위해 나의 자원과 장점을 어필할 때, 상사나 선배들에게 지적을 받았다면, 앞으로는 무엇을 바꿔볼 수 있을지를 고민해보자. 당장 한번에 정답을 찾기란 불가능하다는 말을 아예 스스로에게 해주자. 사람이라는 것이, 한두번의 시도에서 실패를 하게 되면, 효과는 적지만 편안한 기존의 생활로 순식간에 돌아가버리는 존재이니 말이다. 당장 눈에 띄는 변화가 일어나지 않더라도, 끊임없이 스스로의 모습을 점검하며 노력하는 태도를 가진다면, 그 사람의 내일은 반드시 어제와 달라질 거라 확신한다.

Self-Checklist

나의 근무 태도에 대해 한번 점검해보자. 아래의 문항에서 'Yes' 보다 'No'가 더 많이 나온다면, 주위 사람들은 나의 근무 태도에 대해 오해를 하고 있거나, 불편감을 느끼고 있을 가능성이 있다. 그럴 경우, 위에서 논의했던 내용들을 기반으로 하여, 어떤 새로운 시도를 해보는 것이 좋을지 생각해보기를 권한다.

1. 핑계를 대지 않고, 자신의 행동이나 업무결과에 대해 기꺼이 책임을 지는 모습을 보인다
   Yes / No
2. 직장의 규범에 어긋나지 않는 방법으로, 자신의 감정을 제어하고 표현하려 노력한다
   Yes / No
3. 현재 상황의 맥락과 배경을 이해하기 위해, 주위 네트워크를 적극적으로 활용한다
   Yes / No
4. '개인적 이익추구행동'과 '타인에 대한 배려 및 팀웍행동'간의 균형을 잡으려고 노력한다
   Yes / No
5. 조직에서 기대하는 행동기준에 대해 고려하고, 본인의 가치관과의 합일점을 찾으려 애쓴다
   Yes / No

5. 언어습관 문제 풀기: 최민호씨의 이야기(78p)

상대방의 의도 이해하기

① 조직은 학교나 가정과는 다른 문화를 가진 곳이다

어떤 목적으로 모였든지, 사람들이 모여 있는 곳은 나름대로의 규칙과 약속들이 존재한다. 따라서 회사라는 조직 또한 독특한 문화를 가지고 있는 것은 당연하다. 물론 어떤 부분들은 비효율적으로 보일수도 있고, 불필요하게 느껴질 수도 있겠지만, 그러한 문화들이 계속해서 존재하고 있는 이유가 무엇인지에 대해 한번 생각해 볼 필요는 있다. 또한, 연장자를 존중하고 공경하는 문화가 존재하는 우리나라 조직에서는, 상사나 선배에 대한 위계질서가 분명히 있다. 따라서 아무리 기존과는 다른 문화에서 자라온 젊은 세대라 할지라도, 기존의 문화를 존중하는 기본적인 태도를 가지고, 비효율적인 것이 있다면 조금씩 고쳐나가려는 자세가 필요하다고 생각된다.

② 공적인 관계와 사적인 관계는 구별할 필요가 있다

물론 회사에서도 같이 일하는 사람들끼리 친밀하게 지내는 것이 나쁘다는 것은 절대 아니다. 하지만 여기가 친구들끼리 모여서 친목을 다지는 커뮤니티가 아닌 만큼, 지켜야 할 선이 있다고 생각된다. 그래야만 사적인 관계에서 생긴 정에 이끌려 일을 제대로 못하거나, 특히 부정적 피드백을 제대로 못하는 경우를 방지할 수 있다고 보여진다.

③ 상대방에게 어떻게 들리도록 말을 할 것인가가 중요하다

젊은 세대들은 말을 하라고 했더니 왜 말을 그렇게 하냐고 뭐라고 한다고, 어느 장단에 맞춰 춤을 추라는 거냐고 투덜댄다. 하지만 그 사람이 아무리 좋은 의도를 가지고 말을 했다고 해도 그 말을 들은 상대방이 기분 상했다거나, 무시당하는 느낌을 받았다면, 자신

의 언어표현에 대해 다시 점검해볼 필요가 있다고 생각된다.

상대방의 감정 이해하기

① 황당함

'도대체 이 친구들은 어느 혹성에서 왔을까'라는 황당함이 들 때가 종종 있다. 우리 때에는 생각지도 못했던 당돌한 행동들을 볼 때마다 말이다. 어떤 맥락에서 저런 생각을 하는 것일까, 상대방이 어떤 감정이나 생각을 가질 거라고 생각하고 저런 언어표현이나 행동을 하는 것일까가 도대체 이해가 안 될 때가 많다.

② 노여움

윗 사람에 대한 예의도 없는 것 같고, 자기 할 말은 망설이지 않고 고개 딱 쳐들고 딱딱 해대고, 무슨 말을 속에 두고 삼킬 줄을 모르나 싶은 생각이 들어서 노여움을 느낄 때가 많다. 본인이 그런 표현을 했을 때, 내가 어떻게 느낄지에 대해서는 전혀 고려하는 면이 없는 것 같아 화가 난다.

③ 암담함

도대체 어디서부터 손을 대서 고쳐나가야 할지를 모르겠다. 이 친구들이 앞으로 회사를 이끌어나갈 핵심인재가 되어야 하는데, 아직도 철이 없는 어린애 같아서 신뢰가 잘 안 간다. 말을 하는 것을 보면, 그 사람이 어떤 생각을 가지고 있는지, 어떤 가치관을 가지고 있는지를 파악할 수 있는데, 아직도 한참 배워야 할 애들 같다. 나이나 적은가. 우리때 같으면 벌써 결혼해서 애들도 있을 나이고, 작은 회사라면 어느 정도의 책임을 지고 있었을 나이인데 말이다.

상대방의 약점 이해하기

① 감정관리를 어려워한다

'욱!' '울컥!' '뚜껑 열림' '폭발'. 관리자들이 리더십 교육이나 코칭에서 매우 많이 지적받는 부분이다. 부하직원들에게 마음에 들지 않는 면이 발견되었을 때, 마음속에서 자라나는 감정을 소화하지 못하고, 있는 그대로 상대방에게 쏟아부어 버리는 경우, 감정관리를 어려워한다고 한다. 우리나라 관리자들의 경우, '감정'이라는 것은 매우 낯선 대상이다. 느끼는 것도 어색하고, 이름 붙이는 것도 어색하며, 그 감정이라는 것 자체를 어떻게 표현하는 것이 바람직한지에 대해 배워본 적도 없는 경우가 많다. 그러다보니 강한 감정을 느꼈을 때, 꾹꾹 눌러 참다가 폭발하거나, 매우 서툴게 표현하게 된다. 현대의 리더에게 가장 요구되는 것은 감성지능이라고들 한다. 감정의 인식과 표현이 건강하고 자유롭게 이루어지는 능력을 말한다. 이 부분은 우리도 배워야 할 부분이며, 관리자들도 현재 배우려고 애쓰고 있는 면이다.

② 기성세대의 잣대로 모든 것을 평가하려고 한다

우리의 세대는 우리만의 기준을 가지고 있고, 기성세대는 그들만의 기준을 가지고 있다. 하지만 기성세대의 약점은, 자신에게 낯선 기준을 가지고 있는 사람들을 이해하기 어려워한다는 점이다. 하얀색의 양들이 살고 있는 곳에는 안정감이 있다. 그 곳에 검은색의 털을 가진 양이 들어오게 되면 균형감이 깨어지면서 불안감이 감돌기 마련이다. 하지만 그러한 불균형상태를 통해, 새로운 변화가 이루어질 가능성이 있다는 사실을 놓치면 안 된다. 관리자들은 요새 조직에 새롭게 유입되는 젊은 세대들을 맞아, 어떻게 하면 더 바람직한 조직문화를 만들어서, 미래를 향한 경쟁력이 있는 조직을 만들 것인가를 고민하고 있다. 진정한 리더는 자신의 말에 무조건 순종하며 따르는 수동적인 follower를 양산하는 사람이 아니라, 앞으로 자신의 두발로 굳건히 서서 자기주도적으로 일할 수 있는 미래의 리더를 키워내는 사람이라고 한다. 상대방이 가지고 있는 기준을 존중하며, 협상과 조율을 해나가는 과정을 우리의 관리자들도 연습하고 있다.

③ 조직에서 기대하는 행동이 무엇인지, 왜 그런 기대를 가지는지에 대해 구체적으로 설명해주지 않는다

리더십 교육에 모인 관리자들의 이야기를 들어보면, 못마땅한 부하직원의 언어표현에 대해 투덜대는 경우가 많다. "어떻게 이렇게 싸가지 없이 말할 수 있지?" "어떻게 저렇게 말을 한마디도 안하고 입을 쪽 닫고 있을 수 있지?"라고 말이다. 그래서 질문을 해본다. "그러면, 그 부하직원에게 피드백을 어떻게 주셨나요?" 순간 정적이 흐른다. "뭐..... 그런 걸 다 얘기 해줘야 하나요? 스스로 깨달아야지요." "그런 쪼잔한 것까지 다 가르칠 수는 없지요. 내가 뭐 그 녀석 부모도 아니구요." 하지만 우리는 말해주지 않으면 알 수가 없다. 우리가 맞다고 생각하는 대로 표현하고 있는 거니까 말이다. 요즘 관리자들이 참가하고 있는 부하육성이나 코칭 교육의 내용을 살펴보면, 긍정적인 피드백이나 부정적인 피드백이나 구체적으로 전달하라는 것이 핵심이다. 이런 언어표현은 듣는 사람의 입장에서 어떻게 들릴 수 있는지, 이러한 공적 상황에서는 대부분의 경우 어떤 식으로 표현을 하는 것인지를 이야기하고, 우리와 이야기를 해보면서 더 좋은 방향을 찾도록 교육받고 있음을 기억해두자.

자, 우리의 상사나 선배들도 나름 열심히 노력하고 있다고 한다. 그럼, 우리는 어떤 새로운 시도들을 해볼 수 있을까?

새롭게 연습해보기

A. 상사관리

본인의 언어적 표현에 대해 상사의 시각에서 피드백을 받아보자

나는 지금까지 살아오면서 내가 하는 언어 표현에 길들여져 있고, 익숙해져 있지만, 새로운 환경에서 새롭게 만난 사람들은 과연 어떤 반응을 보일 것인지에 대해 예측하기는 어렵다. 상황의 맥락에 따라서, 조직의 문화에 따라서, 상대방의 성격과 스타일에 따라서 언어표현에 대한 반응은 달라지기 일쑤이다. "예전에 내가 살았던 동네에서는.." "예전에 내가 만났던 사람들은....."이라는 말을 해봤자 소용이 없는 것이, 우리는 이제 예전과는 다른 동네에서 살고 있고, 예전과는 다른 성격의 조직에서 일하고 있으며, 예전과는 다른 사람들을 마주해야 하기 때문이다. 과거의 경험에 매이게 되면, 현재의 상대방을 비난하게 될 수밖에 없다. "당신이 이상한 거야!"라는 말을 하고 싶게 되니 말이다.

그렇다면 현재의 상황에서 양쪽 모두가 편안하고 자연스러우며, 서로가 원하는 메시지를 효과적으로 전달하고 전달받을 수 있는 방법이 무엇인지에 대해 알 필요가 있다. 그러기 위해서는, 지금 내 모습이 어떠한지에 대해 파악하는 작업이 먼저 이루어져야 하겠다. "정말 잘하는구나!"라는 칭찬을 받는 것은 좋지만, 혹시라도 나올 수 있는 부정적인 피드백이 두려워지기 때문에, "제 언어 표현이나 행동이 어떻게 보여지나요?"라고 물어보기란 결코 쉬운 일이 아니다. 하지만, 그러한 질문을 하지 않고, "내가 하는 것이 정답이야!"라는 태도만을 유지한다면, 그 어떤 사람도 나에게 다가와서 피드백을 줄 리가 없다. 처음부터 너무 터프한 상대를 고르기를 권하고 싶지는 않다. 조심스럽고 신중하게 피드백을 줄 것 같은 상대를 골라서 피드백을 받아보자. 그렇게 조금씩 조금씩 피드백을 수용하고, 껄끄러운 이야기도 입에 쓴 약으로 여기고 참아낼 수 있는 내성을 키워가는 거다. 나이가 들어갈수록, 조직에서 직급이 높아질수록, 나의 행동에 대해 피드백을 주는 사람은 사라지게 된다. 지금부터 꾸준히 지속적으로 스스로의 모습에 대해 돌아보고 성찰하는 습관을 들여보도록 하자.

B. 자기관리

① 충분히 설명하는 습관을 들이기

'말이 짧다'라고 지적을 받는 것은 예의와 매너의 문제이기도 하지만, 전달력의 문제이기도 하다. 모든 사람이 대화를 하면서 가지는 욕심 중에 이런 것이 있다: "내가 요만큼만 이야기해도, 상대방은 이~~~~~~~~~만큼 알아들어줬으면 좋겠다." 이루어지기만 한다면 참 좋겠다. 껄끄러운 이야기는 적당히 웅얼거리다가 먹어버리고, 정말 하고 싶은 이야기는 따로 있지만 표면에서만 뱅뱅 도는 말만 늘어놓고, 내가 이렇게 생각하게 된 배경이나 근거는 쏙 빼놓고 나서 앞뒤 없는 이야기만 툭 던져도, 상대방이 기가 막히게 내 마음을 알아준다면 얼마나 좋겠는가. 아쉽게도 그러한 초능력은 극히 일부의 사람에게만 주어졌다고 한다. 일반 사람인 우리에게는 좀더 상대방에게 자신의 생각과 마음과 의도를 전달하려는 적극적인 노력이 필요하다.

② 공적 관계/사적 관계의 균형을 잡기

초등학교 때 여름방학 생활계획표를 만들었던 기억을 되살려보자. 공부/휴식/운동/TV 시청 이런 식으로 원그래프의 파이 조각들을 넣었었던 기억 말이다. 우리가 살아가는 삶의 장면들도 그와 같은 파이 조각들로 나누어져 있다: 회사/집/친구/동호회/봉사기관 등

등등. 학교에서 친구들과 하던 대화 표현을 집에 와서 아버지한테 쓰면 한 소리 듣는다. "내가 네 친구냐"고. 마찬가지이다. 집에서 하던 대화 표현을 회사에 와서 팀장님에게 썼을 때에는, 역시 의아한 표정을 지으실 거다. 그렇다고 해서, 가식적이고 형식적인 언어 표현을 써야 된다는 것은 아니다. 때와 장소와 맥락과, 내가 맡고 있는 역할과 주위 사람들과의 관계를 고려해서, 그에 적합한 표현을 찾아서 개발해보려는 노력이 필요하다는 의미이다. '나'라는 존재는, 한 가지의 성격이나 스타일만을 가지고 있는 단세포 아메바가 아니다. 이런 상황에서는, 저런 대상과는, 이런 일을 하고 있을 때에는 어떤 언어 표현을 써야 할지를 선택하고, 또한 그렇게 다양한 행동을 하는 자신을 통합적인 하나의 존재로 바라볼 수 있는 태도가 필요하다.

Self-Checklist

나의 언어습관에 대해 한번 점검해보자. 아래의 문항에서 'Yes'보다 'No'가 더 많이 나온다면, 주위 사람들은 나의 근무 태도에 대해 오해를 하고 있거나, 불편감을 느끼고 있을 가능성이 있다. 그럴 경우, 위에서 논의했던 내용들을 기반으로 하여, 어떤 새로운 시도를 해보는 것이 좋을지 생각해보기를 권한다.

1. 이야기를 할 때, 핵심을 전달하면서도 배경과 근거를 명확하게 설명하려고 노력한다
   Yes / No
2. 회사의 상사나 선배와 이야기할 때, 친밀하면서도 예의있는 태도를 갖추려 애쓴다
   Yes / No

3. 나의 언어표현에 대해 사람들이 어떻게 생각하는지에 대해 피드백을 받으려 노력한다

Yes / No

4. 질문을 할 때에는, 어떤 이유 때문에 내가 궁금한지에 대해 구체적으로 표현한다

Yes / No

5. 부정적인 감정이 들 때, 일단 감정을 소화하고, 논리적으로 이야기하려 노력한다

Yes / No

Bonus 3.
상사들의 공부자료 공유하기: 조직문화 활성화를 위한 소통 리더십

박정민 / HR Insight(2012.03)

• KBS 특별기획 "사회적 자본"

(1부) 모든 것을 바꾸는 한 가지: 신뢰

(2부) 승리자의 언어: 소통

(3부) 호모 에코노미쿠스의 변신: 협력

• SBS 스페셜 "만사소통: 만(萬)사(事)소(疏)통(通)"

(1부) 지금 말해도 될까요?

(2부) 계급장을 떼라

(3부) 적과의 동침

• KBS 스페셜 "행복의 리더십"

(1부) 리더, 나와 통하다: 소통과 공감 (2부) 리더, 나를 바꾸다: 정의, 책임, 그리고 혁신

작년 연말과 올해 초, 공중파 텔레비전에서 볼 수 있었던 프로그램들이다. 우연히 TV 채널을 돌리다가 보게 된 화면에서는, 정대세 선수가 차두리 선수와 만나서 함께 축구 연습을 하고 있었고, 어버이 연합과 자식 연합이 얼굴을 마주하고 껄끄러운 분위기 속에서도 서로의 생각을 알아보려 노력하고 있었다. 또 초등학생들은 갓난아기를 교실에 초대하고 관찰해보면서 상대방의 생각과 감정을 상상하는 "공감"에 대해 배우는 시간을 가졌으며, 기업 사장님은 변장을 하고 현장 영업사원의 삶을 살아보면서 부하직원들이 평소에 리더에게 원하는 것이 무엇인지에 대해 들어보는 경험을 하고 있었다. 이러한 흥미로운 장면들은 요새 사람들이 고민하고 있는 주제가 "소통! 소통! 소통!"이라는 사실을 나에게 알려주었다.

그러면서 나의 머릿속에는 최근 조직의 중간관리자나 임원들의 리더십 교육에서 wrap-up을 했던 장면이 떠올랐다. 나는 평소 교육을 시작할 때, 오늘의 교육에서 다뤄 보고 싶은 본인의 '리더십 화두'는 무엇인지를 생각해보게 하고, 교육을 끝마칠 때에는, 교육을 통해 앞으로 어떤 식으로 본인의 화두를 해결해나가고 싶은지에 대한 계획을 함께 나누는 시간을 가지곤 한다. 재미있었던 것은 wrap-up 시간마다 거의 모든 관리자들이 반성하고 고백하는 것은 소통에 관한 이슈들이었다는 것이다: "이때까지 구성원들과 너무 커뮤니케이션을 안했던 것 같아요" "교육내용 중에 가장 마음에 와닿았던 건 '공감'이었습니다. 부하직원들이 무슨 생각을 하고 있는지, 무엇을 힘들어하고 있는지를 생각해보기보다는, 내 생각을 일방적으로 전달하는 데에만 신경을 썼었다는 반성이 되었습니다" "앞으로는 강사님이 강조하셨던 대로, 입을 좀 다물고 귀를 열어보는 연습을 해야 할 것 같습니다"

또 기업 내부교육을 부탁받아 진행할 때마다, 나는 구성원들에게 질문을 던지곤 한다: "이 회사의 특징적인 문화는 어떤 것입니까?" '각! 까!'라는 외마디 단어가 튀어나오는 기업도 있었고, '인정과 의리'라고 대답한 기업도 있었다. 하지만 생각보다 여러 곳의 기업에서는 "우리 회사의 문화? 잘 모르겠는데요. 뭐.. 다른 회사들이랑 똑같죠. 위 아래나, 옆부서 동료나.. 경쟁이 심하고, 서로 말을 해주지 않는 거? 저 인간은 도대체 뭘 생각하고 있을까에 대해 씹는 것이 술자리의 핵심 주제인거 뭐 그런 거요."라는 대답이 나오는 것을 듣게 된다. 이건 결국 '소통의 부재'가 일반적인 회사의 문화라는 거 아닌가. 조금은.... 서글픈 마음이 들었다.

다양한 사람들이 모여서 하나의 목표를 향해 나가는 곳. 커다란 조직의 목표 아래서 각 개인의 목표를 달성하기 노력하는 곳. 성과를 만들어나가는 과정에서 개인의 역량을 개발하기 위해 애쓰는 곳이 조직이라고 생각한다. 조직을 구성하는 핵심 요소가 "사람"이라는 것을 기억한다면, 사람들이 어울려서 잘 살아갈 수 있는 조직문화를 만드는 것이 좋은 성과를 내고, 좋은 인재를 길러내고, 좋은 기업으로 발전하기 위한 기반 작업이 아닐까 싶다. 이와 같이 스마트한 조직문화를 만들어내기 위한 가장 기본적이고 핵심적인 요소는 위에서도 살펴보았던 "소통"이라는 사실에는 논란을 제기할 사람이 이제 더 이상 없을 것이다.

그런데 관리자 대상 교육을 하다보면 이마에 깊은 주름 두 줄을 새기시고 이런 질문을 던지는 분을 만나게 된다. "강사님, 하나만 여쭤보고 싶은데요. 소통이라는 것이 중요하다는 것은 저도 여기저기에서 주워 들어서 알 것 같습니다. 근데 말입니다. 왜 관리자만 소통을 해야 합니까? 아니, 커뮤니케이션이라는 것도 손바닥이 마주쳐야 소리가 나는 거잖습니까. 요새 부하직원들을 보면 정말 속이 터지려고 합니다. 당최 입을 열지를 않는다니까요. 회의 때 "할말 있으면 해봐"라고 하면 저랑 눈 안 마주치려고 고개를 처박고 있기 일쑤구요. 회식을 가도 제 옆에는 잘 안 앉으려고 해요. 지네들끼리만 모여서 쑥덕대든지, 다들 핸드폰만 만지고 있구요.. '우리 팀장 재수없는 놈'이라고 페이스북에 올리는 중인지, 내 참."

옳은 말씀이라고 생각한다. 리더십 코칭 장면에서 만나게 되는 관리자분들도 많이 호소하시는 이야기들이다. 분명 소통이란 쌍방향이어야 하고, 쌍방향인 것이 맞다. 그래서 요새는 바람직한 부하직원의 태도와 마음가짐에 대해 이야기하는 Followership 교육도 많이 진행하고 있다. 여기서의 문제는, 소통을 누가 시작하는 것이 더 좋을까의 이야기이다. 리더십 연구자들은 이 문제에 대한 해답을 다음과 같이 내려주었다: '현재 리더십의 트렌드는 리더 개인에게 초점을 맞추는 Leader Development에서, 전체 조직의 집단적인 리더십 역량(Collective Leadership Capacity)을 개발하는 Leadership Development로 변화하고 있다. 이와 같이 조직 리더십의 개발은 팀/부서/실/부문/전체 조직 등 다양한 분야에서 이루어지는 것이 맞겠지만, 중요한 사실은 그 변화과정이 리더로부터 시작되어야 한다는 점이다.'[5)]

즉, 소통은 관리자와 부하직원이 모두 참여해야 하는 협력적 과정이다. 관리자는 그 과정 안에서, 자신이 해야 할 일을 먼저 묵묵히 시작하면 된다. "왜 내 부하직원들은 소통을 하려 하지 않을까? 저 녀석이 고개를 숙이고 들어온다면, 먼저 다가와서 허리를

5) Riggio(2008). Leadership Development: The Current State and Future Expectations. Consulting Psychology Journal: Practice and Research. Vol. 60. No. 4. 383－392.

굽힌다면, 나는 못 이긴척 하고 소통과정에 참여해줄 마음이 있는데"라는 식의 소극적이고 수동적인 태도로는, 우리가 원하는 것 중 그 어떤 것도 이룰 수 없다. 그 어떤 조그만 변화라도 만들어내려면, 나 자신이 먼저 움직여야 하는 것은 당연할 것이다. 가정에서도 마찬가지이다. 아이들의 변화를 이끌어내려면, 아버지와 어머니가 변화하는 것이 가장 첫 번째 단계이고, 가장 빠른 솔루션이다. 아동/청소년을 대상으로 심리상담을 했을 때, 적극적으로 조력하고 지금 당장 스스로 할 수 있는 변화행동을 보이는 부모가 있는 아이는, 문제행동에서 가장 신속하게 벗어나오는 것을 볼 수 있었다. 나와 함께 일하는 부하직원이 변화하기를 기대하는가? 일단 나부터 움직이자. 그런 다음, 상대방의 변화를 기대하는 것이 현실적이라 생각된다.

자, 이제 리더로서 해야 할 소통리더십의 개발에 대해 생각해보도록 하자. 우선은 소통에 필요한 내적 자원을 강화하는 일이 필요하다. 물론 내적 자원 강화의 첫 번째 대상은 리더 자신이 되겠지만, 그 다음 대상은 부하직원이 될 것이다. 최근 관리자들은 부하직원들의 내적자원 강화를 위해 1대1 코칭 면담을 활용하곤 한다. 이와 같이 전체 조직구성원의 심리적 자본이 강화된다면, 조직의 통합적인 리더십이 개발될 것은 확실하다.

첫째. 심리적 자본(Psychological Capital: PsyCap).[6] 심리적 자본은 긍정적인 변화를 이끌어낼 수 있는 내적 특성으로서, 자기효능감/긍정성/희망/탄력성을 말한다. 자기 효능감(self-efficacy)이란 '나에게는 원하는 바를 이룰 수 있는 능력이 있다'라는 스스로에 대한 신념을 가리킨다. 소통에 있어서 어려움을 겪는 리더의 경

6) Luthans. F, Youssef,C.M., Avolio, B. J(2007). Psychological Capital: Developing the Human competitive Edge. Oxford.

우, “저는 원래 소극적인 편입니다. 공적인 업무이야기는 잘 하는 편이지만, 부하직원들과 1대1로 이야기를 할 때나 회식 자리에서는 영 어색해서 그런 자리를 피하게 됩니다. 제가 말을 시작하면 사람들도 썰렁해하는 것 같아서요”라는 말을 많이 한다. 자기효능감을 높이기 위해서는 소통을 잘하는 상사나 동료들을 따라해 보는 modeling을 시도해보거나, 멘토나 코치로부터 지속적인 피드백을 받으면서 소통연습을 하는 방법이 있다.

희망(hope)과 낙관주의(optimism)는, 내가 원하는 바가 이루어질 수 있다는 긍정적인 동기부여를 스스로에게 해주는 역량이다. 사람은 매우 어려운 목표를 만나더라도, 스스로 달성할 수 있다고 지각하게 되면, 실제로 실행가능한 단계들을 설정하여 현실적으로 목표달성이 가능할 수 있도록 스스로에게 힘을 주게 된다고 한다. 물론 “내가 하지 않아서 그렇지, 일단 내가 사람들과 마음을 터놓으려고 시도만 한다면, 나한테 안 넘어올 녀석은 없다네~”라는 지나친 비현실적 낙관주의는 오히려 좌절감만 불러올 것이다. 하지만 내가 노력할 경우, 사람들과의 사이에 다리를 놓을 수 있는 가능성이 높아질 거라는 긍정적인 마음은 변화를 가져오는데 있어서 에너지를 충전할 수 있는 자원이 된다. 마지막으로 탄력성(resilience)은 힘든 일을 경험하더라도 그대로 쓰러져 있는 것이 아니라 열심히 노력하여 다시 일상생활로 돌아오며, 도전적인 일에 대해서도 매우 긍정적으로 접근해보려는 의지를 말한다. 탄력성이 높은 리더들은 주위 사람들이 자신의 이야기를 잘 알아듣지 못하거나, 거부하거나, 오해하는 등의 어려운 상황을 마주해도, 쉽게 좌절하기보다는 어떻게든지 어려운 상황을 극복해보려는 적극성을 보인다. 평소 자신의 소통 행동을 점검해 보았을 때, 심리적 자본 수치는 어느 정도인지 파악해보고, 좀더 강화해야 할 부분은 어디인지 생각해보도록 하자.

둘째. 감성지능(Emotional Quotient: EQ).[7] 감성지능이란 자신과 타인의 감정을 인식하고 이해하는 능력으로서, 사람들이 행동을 조절하고 사회에서 복잡한 상황을 헤쳐 나가며, 바람직한 결과를 얻을 수 있는 결정을 내리는 데 영향을 미친다. 인지지능(IQ)은 변할 수 있는 것이 아니지만, 감성지능은 학습을 통해 변화할 수 있는 기술이라고 한다.

감성지능의 종류에는 네 가지가 있다: (1) 자기인식(self-awareness). 어떠한 순간에도 자신의 감정을 정확하게 파악하고, 상황에 따라 바뀌는 자신의 심리적인 성향을 이해하는 능력이다. 특정한 사건이나 도전적인 상황과 사람들에 대한 자신의 반응을 직접 조절할 수 있는 능력도 포함된다. 자기인식 능력이 미흡한 관리자들을 보면, 현재 자신이 왜 이런 행동을 하고 있는지에 대해 명확히 파악하지 못한 상태에서, 일관성 없이 혼란스러운 모습을 나타내는 경우가 있다. 자신의 내면을 잘 이해하는 리더야말로, 다른 사람과의 관계에서 효과적인 소통을 할 수 있게 될 것이다. 자기인식 능력을 개발하는 전략들은 다음과 같다: '자신이 느끼는 감정을 좋은 것과 나쁜 것으로 나누지 말고, 온전히 감정을 느껴보자' '지속적으로 자신을 점검해 보자' '주위 사람들에게 피드백을 구하자'. 자기인식을 잘하는 사람이란, '화를 내지 않고도 자기 감정을 솔직하게 표현할 줄 아는 사람'이라고 한다. 스스로의 모습을 한번 돌아보자.

(2) 자기관리(self-management). 자기자신의 감정을 자각하는 능력을 활용하여 적응력을 기르고, 스스로의 행동을 바람직한 방향으로 이끌어가는 능력이다. 즉, 주위 상황과 주변 사람들에 대한

7) 트래비스 브래드베리, 진 그리브스(2011). 감성지능 코칭법. 넥서스BIZ

감정적인 반응을 관리하는 것을 의미한다. 자기관리가 잘 안되는 관리자들의 예로는 '단어와 표현의 선택과정이 뇌를 거치지 않고 바로 입에서 이루어지는 분'을 들 수 있겠다. 이런 분과 함께 일하는 부하직원들은 "OOO 팀장님이요? 한번 화가 나면 정말 제어가 안 되고 폭발하시죠. 별명이 '5초 불타는 고구마'에요", "회사 사람들은 우리 부서의 과장님, 대리님, 저보고 '화살받이 3총사'라고 불러요. 뭐, 악의는 없으시겠지 라고 생각하려고 노력하지만, 부장님은 정말 보면 앞뒤 안 재시고 말을 내뱉으시는 편이라, 상처받을 때가 많아요."라는 이야기를 해준다. 자기관리능력이 높은 사람들이 갖고 있는 자원중 하나가 바로 '용서'이다. '용서'란 자기가 원하는 것을 삶이 허락해 주지 않았을 때에도 평화롭게 살아가는 법을 배우는 것이라고 한다.[8)] 즉, 주위 사람들이나 환경이 자신의 마음대로 움직여주지 않더라도, 나의 의견에 반대를 하더라도 평화롭게 대처할 수 있는 능력이 바로 '자기관리' 능력이라고 생각된다. 자기관리 능력을 향상시키기 위해서는 '자신이 할 수 없는 일보다 할 수 있는 일에 집중하는' 노력이 필요하며, '심리적 에너지를 충전하기 위한 시간을 따로 마련해' 보는 것이 좋다. 역시 멘토나 코치로부터 자기관리능력 향상을 위해 멘토링이나 코칭을 받는 것도 바람직하다. 관리자가 될수록 상사나 선배, 전문가와 함께 자기발전을 위해 노력하는 시간을 갖는 것은 필수불가결한 과정이라 하겠다.

(3) 사회인식(Social Awareness). 사회인식은 다른 사람의 감정을 정확하게 집어내어, 실제로 그 사람에게 어떠한 일이 일어나고 있는지를 파악하는 능력을 말한다. 많은 관리자들이 인지과정의 중심에 '내 자신'을 두고 있기 때문에, 상대방의 감정이나 생각을

8) 이영돈(2006). KBS 특별기획 다큐멘터리 마음. 예담

상상하는데 시간을 많이 쓰지 않는 편이다. 하지만 소통능력을 증진하려면 대화하고 있는 상사나 동료, 부하직원이 무엇을 생각하는지, 어떤 감정을 느끼는지를 공감해보려는 노력이 반드시 필요하다. '경청하기'와 '관찰하기'는 사회인식에서 가장 중요한 요소이다. 주변에서 일어나는 일을 주의깊게 듣고 보기 위해서는, 일단 multi-tasking을 하려는 욕심을 버리고 상대방에게 집중하고, 지금 내가 하고 있는 일을 잠시 멈추는 결단을 내릴 필요가 있다.

(4) 관계관리(Relationship Management). 상호작용을 성공적으로 관리하기 위해 자신의 감정을 인식하는 것은 물론 다른 사람의 감정을 활용하는 능력을 말한다. 관계관리란 오랜 기간에 걸쳐 다른 사람들과의 유대를 강화하는 과정이다. 다른 사람과의 관계가 약할수록 자신의 뜻을 전달하기란 어려운 일이 될 것이다. 따라서 상대방이 나의 말을 들어주기를 원한다면, 관계관리를 연습하고, 특히 자신에게 도전이 되는 관계들을 무엇인가 배울 수 있는 관계로 이끌어나가도록 노력해야 한다. 관계를 잘 관리하려면, 우선 마음을 열고 상대방에 대한 호기심을 가질 필요가 있다. "저 녀석, 딱 내 손바닥 위에 있다니까. 뭘 생각하는지 뻔하지, 뭐."라고 생각하는 이상, 상대방과의 관계가 좋아질 수 있는 가능성은 0퍼센트니 말이다. 그리고 그 관심을 상대방에 보여주기 위한 노력을 적극적으로 하는 것이 바람직하다.

이와 같은 내적 자원의 개발과 병행하여 리더가 해야 할 것은, 직접 소통을 행동에 옮기는 현장에서의 연습이다. 리더십 교육에 참여한 관리자들의 주된 레퍼토리는 "이거 다 좋은 얘기죠. 저도 다 알거든요? 근데 잘 안되더라구요. 아시다시피, 매일매일 일에 치어사는데요. 언제 이런 것까지 신경쓰겠습니까. 긁적긁적"이다. 충분히 다 안 다음에, 여유 시간이 있을 때, 뭔가를 해보겠다는 생각을 이제는 과감히 내려놓자. 실제 삶의 현장에서 변화를 가져오는 사람들을 관찰해보면, 잘 알지 못하기 때문에, 잘하지 못하기 때문에 두렵고 조금은 무서워도, 용기를 갖고 두눈 꼭 감고 뛰어드는 모습이 있다. 가장 먼저 해야 할 일은 "JUST DO IT"이다.

자, 2012년에는 "소통"이라는 키워드를 나의 삶에 포함시켜 보고 싶다는 리더가 있다면, 스스로에게 우선 이런 질문부터 던져보자. "소통을 잘하는 리더란 어떤 모습을 하고 있을까? 어떤 표정을 지을까? 어떤 행동을 할까?" 즉, 자신이 원하는 목표에 대한 그림을 그려보는 것이다. 내가 만들어내고 싶은 그림이 명확할수록, 그 그림에 다가갈 수 있는 방법을 찾기란 더욱 수월해지기 때문이다.

그림 그리기가 완료되었다면, 신중한 연습(Deliberate Practice)을 시작해보자. 신중한 연습이란 목표를 설정한 후, 매번 조금 더 높은 곳에 도달하기 위해 목적지향적으로 노력하는 것을 의미한다. 사실 목표에 도달하기 위해 노력하는 과정은 지루하고 고통스러우며 그다지 재미가 없는 때가 대부분이다. 그렇기 때문에, 많은 사람들은 원하는 변화를 이뤄내지 못하고, 중간에 그만두기 일쑤이다. 단단히 마음을 먹고 부하직원에게 말을 걸었을 때, 원하는 반응이 나오지 않을 가능성은 매우 높다. 콧방귀를 뀌기도 하고, 못들은척 하기도 하고, '네, 제가 죽일 놈입니다. 전 원래 이런 녀석이니 배 째세요'라는 말만 반복하기도 한다. 코칭에서 만난 리더들은 이렇게 툴툴거린다. "나름대로 잘 들어주려고도 했고, 입도 다물어보려고도 했는데. 내 노력을 알아주지 않아요. 너무 화가 나서 죽겠어요. (감히!!) 내가 이렇게까지 했는데, 망할 놈들 아닙니까?" (솔직히, 내가 노력한다고 해서, 상대방이 그 노력을 100% 알아주는 경우는 매우 드문 것이 현실인데도 말이다. 그리고 실제 관리자들도 부하직원의 노력을 100% 알아주는 경우가 역시 드문데도 말이다. 쩝..)

이 과정에서 우리가 잊지 말아야 할 것은 투지(Grit)이다. 연구자들에 의하면,[9] 어느 분야에서나 높은 성과를 이루기 위해서는 재능만큼이나 투지가 필요하다고 한다. '투지'란 '장기적인 목표를 향한 인내심과 열정'을 의미한다. 소통에 대한 리더십을 개발하는 것이 본인에게 어떤 의미가 있는 일인지 다시 한번 생각해보자. 목적이 있는 삶을 살고 싶다는 것은 인간의 뿌리깊은 기본적 욕구이다. 목적에 대한 투지를 가지고 그때부터 해야 할일은 반복하고 또 반복하는 것이다. 그러한 단련과정을 통해서만 '소통리더십'에 대한 숙련(mastery)은 가능해질 거라 생각된다.

9) Duckworth, Peterson, Matthews, Kelly: "Grit: Perseverance and Passion for Long-term goals. Journal of Personality and Social Psychology, 92(January, 2007): 1087)

CHAPTER 4

건강한 의사소통을 위한 효과적인 TIP

건강한 의사소통을 위한 효과적인 TIP

지금까지 조직에서 우리가 상사/선배들과 경험하고 있는 의사소통상 갈등상황 5가지(위계질서/일처리방식/피드백/근무태도/언어습관)에 대해 점검해보았다. 여기까지 건강한 의사소통을 위한 여행을 필자들과 함께 해온 독자들이라면, 내가 가장 어려워하는 상황에서 일어나고 있는 나와 상사의 내면적 혼란에 대해 이해했을 것이고, 어떤 부분에서 새로운 시도를 해볼 것인지에 대해 첫 발짝의 계획을 세우기 시작했을 것이라 기대한다.

그렇다면, 이번에는 그 계획과 행동연습을 하는데 있어서 도움이 될 수 있는 tip에는 어떤 것이 있는지 살펴보도록 하자. 사람이 변화하고 성장하는데 있어서는 3가지의 영역을 건드려야 한다: 감정(feeling), 사고(thinking), 행동(working). 각각의 영역에서 상담심리학자들이 조직구성원들의 의사소통 역량강화를 위해 사용하는 개념들과 전략(수용전념치료, 합리적 정서행동치료, 자기주장훈련)들을 살펴보면, 우리의 성장에 도움이 될 거라 보여진다.

1. 감정관리: 수용전념치료

수용전념치료(Acceptance and Commitment Therapy: ACT)는 사람을 이해하는데 있어서, '사고가 경직되고 유연하지 않으며 정체되어 있을 때, 스트레스와 정신적 고통을 겪게 된다'고 하며, 그러한 상태를 심리적 경직성이라 불렀다. 그리고 우리가 심리적으로 좀더 유연해지고, 정체되지 않으며, 우리의 목표와 인생에서 지속적으로 가치를 찾는 행동을 하기를 촉진하는 것을 상담의 목표로 삼았다(리처드 블로나, 2013). '경직'되어 있다는 것은, 새로운 자극이 들어와도 움직이지 않으며, 기존의 비효과적인 삶의 방식을 고수한다는 것을 의미한다. '유연'하다는 것은 뭘까? 매일매일 마주치게 되는 자극들을 차분하게 살펴보며, 어떤 식으로 대처할지에 대해 발전적으로 생각하며 행동하는 것을 가리킬 것이다. 이것은 결국 우리가 앞에서 살펴보았던, 우리의 의도/생각/감정, 상사의 의도/감정을 파악하고, 새롭게 연습을 하는 과정을 의미한다.

보다 건강하고 행복한 삶을 살아가기 위해, 어떻게 '수용'과 '전념'을 할 것인지의 문제를, 우리와 상사간의 조직내 의사소통에 적용해서 한번 생각해보면 좋겠다.

수용(acceptance)

ACT에서 강조하고 있는 수용의 세가지 측면은 다음과 같다: 첫째, 우리의 사고, 정서, 행동에 좀더 마음을 집중한다. 둘째, 우리의 사고, 정서, 행동이 어떻게 우리의 가치와 목표를 지지하거나 반대하는지를 이해한다. 셋째, 우리는 고통스러운 사고와 정서를 통제, 제거하거나 피할 수 없으며, 실제로 그렇게 하려는 시도는 오히려 고통을 증가시킨다(리처드 블로나, 2013).

조직에서 일을 하는데 있어서, 상사와 선배와의 의사소통에서 갈등과 부딪침이 일어나면, 머리가 뜨거워지면서 복잡해지고, 마음속에서는 이름도 모를 감정들이 '저요, 저요!'를 외치며 서로 머리를 들이민다. 뚜껑이 열리려는 머리를 붙잡고, 두근두근거리다 못해 튀어나오려는 심장을 부여잡으며 책상에 겨우겨우 앉으면, 오늘 당장 해야 할 보고서가 기다리고 있다. 그럴 때 우리는 '잊어버리자, 그런 일은 없었던 거야. 나는 화가 나지 않았어'를 외치며, 가슴을 쓸어내리려 한다.

하지만 ACT 전문가들은, 그렇게 혼란스러운 상황에서 솟아올라오는 생각과 감정을 눌러버리고 통제하고 제거하려 할수록, 오히려 고통이 증가한다는 주장을 한다. '수용'을 한다는 것은, 나를 인정해주는 것이라고 이해할 수 있다. 내가 어떤 것 때문에 혼란스러워하는지를 인정하고 받아들여주자. '지금 같은 상황에서는 그런 감정을 느낄 수 있어', '아 나에게 그런 생각이 떠올랐구나' 하고 말이다. 혼란스러운 상황에 빠진 것은 나쁘거나 하지 말아야 하거나 도망쳐야 하는 것이 아니다. 오히려 다소 객관적인 시각으로, 내가 지금 어떤 상황인지에 대해 바라보는 동안, 활짝 열려 있던 머리 뚜껑과 튀어나오려던 심장은 차분함을 되찾게 된다. 내 머리에 떠오른 생각은 어떤 것이지? 지금 나를 흔들고 있는 감정의 이름은 뭐지? 그래, 그런 것들이 지금 내 머리와 마음을 채우고 있구나 라고 이해하고 받아들이게 되는 것이다.

전념(commitment)

'전념'의 개념은 우리가 다양하게 살펴보았던 '새로운 행동 연습해보기'에 해당할 것이다. 이렇게 어려운 상황에서도 내가 이루어가고 싶은 것은 무엇일까? 조직생활을 하는데 있어서 나의 가치와 목표가 무엇인지에 대해 명확하게 이해하고, 그에 따라 어떤 행동을 할 것인지를 결정하고, 시간과 에너지를 투자하는 것이 전념이라고 생각된다. 가끔씩 '저는 머리 없이 손발만 움직이는 로봇 같아요', '매일매일 쳇바퀴를 돌리는 다람쥐 같은 삶을 살고 있어요'라며, 인생의 허무감과 무의미감을 호소하는 Y세대 구성원들을 만나게 될 때가 있다. 아직 '전념'의 단계를 경험하지 못하고 있는 분들인가 싶어, 안타까운 마음이 많이 들었었다. 내가 지금 근무하고 있는 조직에서, 그리고 직장과 직업을 통해 이루고 싶은 삶의 의미와 가치는 무엇인지에 대해 찾아가는 것은, 우리의 일생에 걸쳐 이루어야 할 목표가 아닐까 싶다. 문제는 그 의미를 누가 가져다 선물을 해주거나, 하늘에서 어느날 뚱딴지같이 떨어지는 것이 아니라, 내가 찾아야 한다는 것이다. "아이~ 그런 얘기 어려워서 몰라요"라고 넘어갈 시기는 지났다고 보여진다. 이제 남은 우리의 삶을 어떤 방향으로 끌고 갈지에 대해 고민할 때라는 것을 '수용'해보자.

긍정심리학으로 유명한 셀리그만(1990)은 사람들이 어려운 상황에 마주했을 때, 세가지의 설명 양식(explanatory style)을 가진다고 이야기했다. 첫째, 영속성(permanence). 이 상황이 얼마나 오래 지속된다고 믿는가에 관한 것. 상사가 내 기획서를 받아들여주지 않는 상황을 '영원히 지속'될 것이라고 생각한다면, 우리는 영속성의 함정에 빠진 것이다. '난 이제 부장님한테 완전 찍혔어' '나는 절대로 부장님 마음에 들 기획서는 쓰지 못할 거야' 라는 식으로, '항상' '절대로 아니다'라는 말을 되풀이하고 있는지 스스로의 모습을 한번 돌아보자. 영원한 스트레스 상황은 없다. 스스로를 위로하고 그 안에서 출구를 찾아 그 다음 단계로 넘어가게 된다면, 그 상황은 이미 나에게 고통이 될 수 없는 것이다.

둘째, 보편성(pervasiveness). 어려운 상황이 나의 인생에 어느 정도의 영향을 미친다고 생각하는가에 대한 것이다. 낙관적인 사람들은 힘든 상황을 만나더라도, 이번만 잘 지나가면 내 인생은 잘 될 수 있다고 믿는다고 한다. "내가 무슨 짓을 하더라도, 사람들은 내가 이기적이라고 해" "부장님한테 이런 말을 듣다니, 이제 내 회사

생활은 끝난 거야" "내 길은 역시 여기가 아니었던 거야. 회사를 그만둬야 한다는 얘기지"라는 식으로, 우리 삶의 한 부분 결과를 전체로 일반화하고 있다면, 보편성의 함정에 빠진 것이다. 내가 상사와의 의사소통을 하는데 있어서 만난 장애물을, 이런 식으로 이야기하고 있는지 한번 생각해보자.

셋째, 개인화(personalization). 본인이 조직생활을 하는데 있어서, 어려움을 겪는 이유를 어디에 두는가의 문제이다. 낙관적인 사람들은 스트레스에 대한 개인적인 책임에 대해 내부적 관점을 두지만, 비관적인 사람들은 모든 문제는 나 외의 다른 사람들의 책임이라며 비난을 하는 경향이 있다고 한다. "나는 정말 이 조직에서 성장하고 발전해서 조직의 발전을 위해 기여를 하고 싶은데 말이야. 왜 나의 이런 좋은 의도를 팀장님이 몰라주는지 모르겠어. 좋은 상사만 만났다면, 내가 정말 다른 사람이 될 수 있을텐데. 내가 잘못한 게 도대체 뭐야?"라는 혼잣말을 하고 있다면, 내가 개인화의 함정에 빠진 것이 아닌지 다시 한번 생각해보도록 하자. '전념'의 단계로 넘어가기 위해서는, 지금의 상황에서 내가 할 수 있는 것이 무엇인지를 찾는 작업을 해야 함을 기억하자.

2. 사고관리: 합리적-정서적 치료

합리적-정서적 치료(Rational Emotional Therapy: RET)에서는 사람을 이해하는데 있어서 다음과 같은 명제들을 가지고 있다: 첫째, 사람들은 합리적으로 사고/행동할 잠재성이 있지만, 동시에 비합리적으로 생활할 잠재성도 가지고 있다. 즉 자신의 감정에 충실하고, 실수를 통해 배우고, 삶과 성장을 위해 자신의 잠재력을 실현시키려고 하는 합리적 경향성을 가지고 있는 반면, 똑같은 실수를 되풀이하고, 편협한 시각을 가지며, 지속적인 불편감을 호소하면서도 자기 파괴적인 행동을 반복하는 비합리적 경향성도 가지고 있다는 것이다. 평소의 우리 모습을 보는 것 같지 않은가? '맹세코 다시는 이러지 말아야지 하고 생각한다니까!'라고 이야기하면서도, 몸에 배어 있는 습관들을 반복하고 있는 것 말이다(Corsini, 2000).

둘째, 사람들은 자신이 소망하는 것이 반드시 만족되어야 한다고 요구하고, 주장하며, 명령하는데 그때 심리적인 불편감이 일어난다고 한다. 즉, 불편감을 만드는 것은 주위 환경이나 주위 사람들이 아니라, 내 자신인 것이다. 이때 거치게 되는 과정을 A−B−C로 설명하기도 한다. A(Antecedent: 특정 사건 / 나는 오늘 업무를 잘 수행하지 못했다) − C(Consequence: 결과 / 나는 역시 무능력한 인간이야. 너무너무 불안하고, 우울해). 대부분의 사람들은, 자신의 부정적인 감정이 생기는 것은 외부적인 사건/상황 때문이라고 생각한다. 하지만 사실 불안함과 우울감을 가져오는 것은 B(Belief: 믿음 / 내일부터의 내 회사 생활은 완전히 끔찍할 거야!)라는 것이다.

콜시니(2000, p263)가 우리의 사고−정서의 악순환에 대해 예를 들어 설명한 내용을 보면, 이해가 좀 더 잘 될 것 같다.

(1) 일을 잘해내지 못한 것에 대해 스스로를 비난한다
(2) 자기 비난 때문에 죄책감과 우울감을 느낀다
(3) 죄책감과 우울감을 느끼고 있는 것에 대해 스스로를 비난한다
(4) 자신을 비난하는 것에 대해 다시 스스로를 비난한다
(5) 스스로를 비난하는 것을 알면서도, 그 비난을 그치지 않는 것에 대해 스스로를 비난한다
(6) 시간이 지나도 여전히 더 나아지지 않는 것에 대해 스스로를

비난한다

(7) 다른 사람보다 능력이 떨어지는 것에 대해 스스로를 비난한다

(8) 자신은 아무 희망이 없을 정도로 능력이 없고, 그에 대해 할 수 있는 일은 없다고 결론을 내린다

왠지 마음 한 구석이 뜨끔거릴 정도로, 우리가 평소에 하는 행동과 너무나 똑같지 않은가. 우리가 조직생활을 하는데 있어서 의욕을 잃어버리고, 열정과 에너지를 되찾지 못하는 이유는, 모두 내가 의도치 않게 일어난 상황/사건 때문이고, 나를 이해하지 못하고 앞뒤가 꽉 막힌 상사 때문이라고 생각하고 있지만, 사실 내가 일에 집중하지 못하게 만드는 것은, 나의 생각인 것이다.

RET에서는 우리의 정서적 혼란은 비합리적인 신념(나의 삶은, 현재의 방식과는 확실하게 달라야 한다: should, ought, must)에서 유발된다고 주장한다. 그래서 RET의 시각에서 보면, 우리가 겪고 있는 의사소통상의 갈등에서, 나의 비합리적인 신념을 검토해보고, 보다 합리적이고 현실적인 생각으로 바꿔보는 연습이 도움될 수 있을 것이다. 우리가 일상생활에서 많이 떠올리는 비합리적 신념은 다음의 세가지로 요약된다고 한다. 각각의 내용들을 내 모습에 비추어보고, 보다 합리적인 생각으로 바꿔보는 시도를 해보도록 하자.

첫째, 나는 조직생활을 하는데 있어서, 반드시! 항상! 잘 해야만 한다(I must do well).

-〉 (합리적 생각은?)

둘째, 모든 사람들은 언제나! 나에게 잘 대해주어야 한다(You must treat me well).

-〉 (합리적 생각은?)

셋째, 조직생활은 어떤 상황에서도! 수월해야만 한다(The world

must be easy).

-〉(합리적 생각은?)

3. 행동관리: 자기주장훈련

자기주장훈련(Assertive Training)은 '상대방의 권리를 침해하거나 불쾌하게 하지 않는 범위 내에서 자신의 욕구, 권리, 의견, 생각, 느낌 등을 솔직하게 상대방에게 표현하도록'하는 기법이다. 얼핏 생각하기에, "어~ 나는 내가 생각하는 거 솔직하게 잘 얘기하는데? 왜 자기주장훈련이 필요해?"라고 생각할 수도 있을 것이다. 그리고 앞에서 이야기했던 Y세대의 특성이 "VOICE(거침없는 의사표현)"인데, 왜 주장훈련 이야기가 나올까 궁금할 수도 있겠다.

자, 우리가 유의해서 봐야 할 부분은 '상대방의 권리를 침해하거나 불쾌하게 하지 않는 범위 내에서'이다. 스마트한 주장행동이란, 우리나라에서 자동차 접촉사고가 났을 때 보여야 한다는, 허리에 손 올리고 목소리 키워서 소리소리 지르는 섯을 의미하는 것이 아니다. 이것은 공격적 행동이라고 부른다. 주장행동은 앞에서 계속 이야기했듯이, 내가 원하는 메시지를 상대방이 잘 받아들이도록 효과적으로 잘 전달하기 위한 연습을 하는 것을 가리킨다. RET에서도 언급했듯이, 내가 하고 있는 행동이 비효과적이라는 것이 인식된다면, 과감하게 그 행동을 바꾸어서 새롭게 시도를 해야 한다. 하지만 대부분의 상황에서 다른 행동을 하기보다는 익숙한 행동의 강도를 높이고, 빈도를 높이는 비합리적인 행동을 한다는 것이, 우리의 안타까운 현실인 것이다.

조직에서 상사와 소통을 하는 상황에서, 효과적인 주장행동을 하기 위한 단계를 소개한다. 그 중에서 내가 불편하거나 어색해서 잘 시도해 보지 않는 단계가 무엇인지 한번 생각해보고, 그 부분의 역량을 강화하기 위한 연습을 시작해보도록 하자.

(1) 자기주장을 하고 싶은 상황을 생각 한다

(2) 해당 상황의 세부내용을 고려해본다

- 그 상황에서 나의 주장은 정당한 것인가?
- 자기주장을 했을 때, 나의 고민이나 스트레스, 문제는 줄어들 수 있는 상황인가?
- 조금 용기를 내면, 충분히 자기주장을 할 수 있을만한 상황인가?

(3) 내가 원하는 결과가 무엇인지, 최종 목표를 명확히 한다

(4) 다양한 방법들 중, 가장 현실적이고 효과적이라고 보여지는 방법을 선택한다

(5) 내가 주장을 하는 상황을 구체적으로 그려보고, 안전한 환경에서 연습을 한다

- 나의 감정에 정직해지자
- 나의 감정을 적절한 수준에서 표현해보자 (내가 판단이 잘 서지 않는다면, 솔직한 피드백을 줄 수 있는 사람이나, 믿을 수 있는 사람에게 조언을 구해보자)
- 다른 사람을 기쁘게 하거나, 만족시키려는 마음을 버리자
- 나에게 용기를 불어넣어 줄 수 있는 사람들에게 도움을 요청하자

(6) 성공적으로 실행한 후에는, 스스로에게 보상을 해주면서 강화해준다

Bonus 4.
상사들의 공부자료 공유하기: 상대적인 박탈감에 시달리는 직원들을 리텐션시켜라

박정민 / HR Insight(2014.03)

오늘은 노벨문학상을 수상했던 영국의 시인 T.S.Eliot의 시 '황무지'를 읽어보며, 이야기를 한번 시작해보려고 한다.

The Waste Land (황무지)

April is the cruelest month, breeding
-〉 4월은 잔인한 달
Lilacs out of the dead land, mixing
-〉 죽은 땅에서 라일락을 키워내고
Memory and desire, stirring
-〉 기억과 욕망을 뒤섞고
Dull roots with spring rain.
-〉 봄비로 잠든 뿌리를 뒤흔든다.
Winter kept us warm, covering
-〉 차라리 겨울에 우리는 따뜻했다.
Earth in forgetful snow, feeding
-〉 망각의 눈이 대지를 덮고
A little life with dried tubers.....
-〉 마른 구근으로 가냘픈 생명만 유지했으니.....

4월이 생일인 필자는, 중학교 때 쓰던 일기장에서 '4월의 시'라고 소개된 위의 시를 처음 만났었다. 솔직히 무슨 이야기인지도

몰랐고, '내 생일이 있는 달이 왜 잔인한 때라는 거야'라고 속으로 투덜댔던 기억도 난다. 그런데 성과평가와 고과면담, 연봉협상과 승진발표까지 골치아픈 일이 다 지나가고, 새로운 마음으로 새로운 해를 맞아야 하는 3월을 대하니, 왠지 모르게 이 시가 떠올랐다. '아~ 직원들을 대하는 리더의 마음이 이 시의 화자와 똑같겠구나'라는 생각이 든 것이다. 확실하게 평가결과나 인센티브 계획이 결정되지 않은 상태에서는 불안불안하면서도 표면적으로는 별일 없이 지나갔었는데, 평가자(리더)와 피평가자(구성원), 서로의 이익과 니즈와 의견이 부딪치는 평가와 보상의 시기가 지나간 이제는, 지상 위로 노출되어버린 서로의 불편감을 어떻게 처리할 것인가에 대한 문제가 적나라하게 제기되고 있으니 말이다.

그래서 1/4분기쯤 조직구성원들에 대한 인터뷰를 해보면, 이와 같은 껄끄러움을 호소하는 이야기를 많이 듣게 된다: '내가 이런 대접밖에 못 받다니 정말 화가 난다, 억울하다' '그래도 별보고 나와서 별보고 들어가는 생활을 하면서, 회사에 모든 충성을 다했다고 생각했는데 짬밥 때문에, 회사 사정 때문에, 나 말고 다른 사람이 더 많은 보상을 받고, 승진을 하게 되었다니 이해할 수가 없다. 왜 내가 희생자가 되어야 하냐. 나한테는 도대체 누가 보상을 해준단 말이냐' '연말 인센티브 확실하게 나올 줄 알고, 여행갈 계획 다 세워놨는데, 와이프랑 애들 얼굴을 어떻게 봐야 할지 모르겠다' '이 회사를 계속 다녀야 하나. 내 가치를 제대로 인정해주지도 않는 회사를 내가 뭘 믿고 다녀야 하는지, 확신이 서지 않는다'.

구성원들만 잔인한 3월을 겪고 있는 것이 아니다. 리더들도 마찬가지이다: 마음 같아서는 1년 동안 함께 고생했던 직원들에게 차별없이 인센티브를 듬뿍듬뿍 주고 싶고, 승진 기회도 모두 주고 싶은 마음이 굴뚝 같다. 하지만 머릿속에 떠오르는 것은 '내가 이렇게 회사에서 능력이 없는 사람인가'라는 생각뿐이다. 돈을 줄 수가 있나, 승진을 시켜줄 수가 있나. 그런데 구성원들은 그렇게 답답한 내 마음을 알아주지도 않고, 오히려 나에게 섭섭한 마음을 가지고 '회사를 떠나야 하나'라는 소리나 지껄이니, 갑갑하기가 이를데 없다.

자, 여기까지는 평일 저녁 직장인들이 치맥(치킨+맥주)을 가운데 놓고, 신세한탄을 하며 상사와 회사, 부하직원 욕을 할 때 나오는 이야기였다. 중요한 것은, 이제부터 어떻게 할 것인가의 문제이다. 푸념을 하고 비난을 하는 것은 간단하다. 어떤 때에는 쌓여있는 감정에 대한 해소가 되는 순기능도 있다. 하지만 우리에게는 내일의 태양이 뜬다. 그 태양이 뜰 때 어떻게 살아가야 할 것인가의 문제를 생각해보자.

'황무지'의 첫 행을 다시 기억해보자. 왜 4월이 잔인한 달이었는가? '죽은 땅에서 라일락을 키워내고, 기억과 욕망을 뒤섞고, 봄비로 잠든 뿌리를 뒤흔든다' 좌절 속에서 꽃을 피울 수 있을 만큼, 잠들어있는 의욕을 되살릴 수 있을 만큼 강한 파워를 가지고 있기 때문이 아니었을까. '인생은 잔인해'라고 주저앉아 울고 있어봤자, 달라지는 것은 아무것도 없다. 펑펑 눈물을 흘린 다음에는, 상처받는 나를 충분히 어루만져주고, 손잡아 일으켜 세워, 내가 원하는 꿈을 찾을 수 있는 길을 찾아야 하는 것이다. 필자가 일하고 있는 상담심리학 분야에서는 ACT(Acceptance & Commitment Therapy)라는 심리치료기법에 대해 요새 많은 관심을 갖고 있다. 나에게 일어난 어렵고 힘든 일들을 일부러 잊어버리거나, 일부러 과장하게 긍정적으로 볼 필요 없이, 그냥 있는 그대로 수용하고 받아들일 때, 비로소 다음 단계로 넘어갈 수 있는 힘이 생긴다는 것이다. '수용'이라는 것은, '내 인생이 뭐 원래 이 모양 이꼴이지. 나한테 뭐 좋은 일이 있겠어?'라고 자기비하를 하는 것이 아니다. '아, 그래. 나한테 이런 일이 생겼구나'라고 객관적으로 자신을 바라보면서, '내가 이런 기분을 가지는구나. 그래, 나는 이런 감정을 가질만 해'라고 나를 인정해주고, '그렇다면 이제 어떻게 할까?'를 생각해보는 것이 진정한 변화를 이끌어 내는 수용&전념인 것이다.

기대한 만큼 승진을 하지 못하고, 원하는 만큼 고과나 인센티브를 받지 못한 구성원만 수용을 해야 하는가? 솔직히 필자가 생각하는 리더십은, 리더의 에너지와 기(氣)를 구성원들에게 나눠주고, 또 모자라는 만큼의 에너지를 구성원들에게 받는 것이라고 생각한다. 그러기 위해서는 우선 리더가 에너지로 가득차 있고, 끊임없이 충전되어야 한다. 에너지의 상호작용의 순서는 리더가 시작해야 하는 것이기 때문이다. 따라서 현재 상황에서 리더가 할 수 있는 일과 할 수 없는 일을 현명하게 구분하고, 할 수 없는 일(높은 고과, 충분한 보상, 기대하는 만큼의 승진)을 수용하며, 할 수 있는 일(구성원의 마음관리, 역량관리, 커리어관리)에 전념할 필요가 있는 것이다.

최근에 나온 소주 광고를 보니, 영혼 없는 위로를 하지 말고 한 가지라도 근거를 대라고 하던데, 리더가 중점을 두어야 할 일에 대한 근거자료를 한번 살펴보도록 하자.

독자들의 눈에 너무나 익숙할 Malsow의 욕구위계이론에 그 답이 있다. 구성원들이 충분히 가지지 못했다고 불평하고 있는 승진, 보상, 고과는 가장 아래쪽에 있는 신체적 욕구와 안전의 욕구에 속한다. 당연히 있으면 좋고, 없으면 불편하고 화가 난다. 문제는, '그것만 충족되면 만사 오케이인가?'이다. 조직 임원으로 오래 근무하신 분들의 이야기를 들어봐도, 돈 많이 주는 것이 모든 것

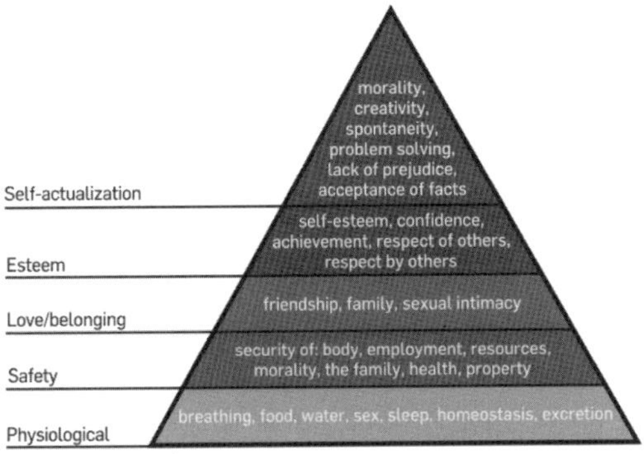

을 해결해주지 못한다는 말씀을 정말 많이 하신다. 돈을 많이 주면 물론 좋지만, 그 이상의 것이 필요하다는 말이다. 그것이 바로 그 윗 단계의 욕구들(대인관계/자아존중감/자기실현(삶의 의미)이라고 생각된다. 정말 다행히도, 이 부분은 리더가 통제가능한 부분이다! 아무리 아래쪽에 있는 욕구가 완벽하게 충족되더라도, 윗단계가 만족되지 않으면 사람들은 상실감과 허무감에 허덕댄다고 하니 말이다.

'조직생활을 하는데 있어서 스트레스가 없어야 된다'라는 이야기도 많이 한다. 좋은 얘기이다. 하지만 정말 그럴까?

Palmer와 Cooper의 그래프를 한번 살펴보자. 일이 너무 힘들다고 자각되기 시작하면 우리는 짜증을 잘 내게 되고, 불안해지고, 피로해지며, 기진맥진해지다가, 결국은 소진된다. 하지만 일이 별로 없고 압력이나 긴장도가 별로 없는 상태가 되면, 처음에는 자신의 니즈가 충족되지 않아 좌절하게 되고, 지루함과 무감각함을 느끼다가 급기야는 우울해지고 무기력해지는 상태가 되는 것이다. Eliot이 시에서 이야기했듯이, 꽃을 피우려면 그만큼의 강한 자극이 필요하다. 내가 원하는 삶을 효율적으로 이룰 수 있는 최적의 상태를 만들려면, 나에게 일어나는 긍정적/부정적 자극들을 생산적으로 활용하는 방법을 배워야 하는 것이다.

이전에 필자는 리더와 부하직원을 대상으로 코칭니즈에 대한 연구를 한 적이 있었다. 조직 구성원들은 리더가 생각하는 것 이

압력(Pressure) vs. 대처 능력(Ability to Cope)

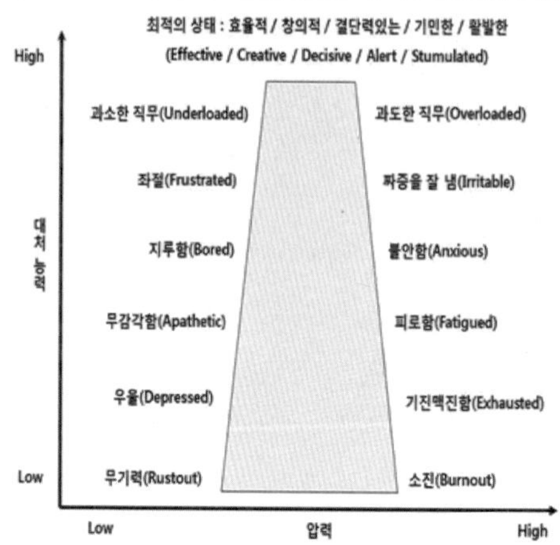

상으로 자신의 역량이나 커리어 개발에 대해 상사와 함께 의논하고 싶어 했고, 상사의 잘못된 코칭이 가져올 수 있는 부정적 효과로는 '이직'도 가능하다고 언급했다. 또한, 다른 조직에서 구성원들에게 상사에게 원하는 것이 무엇이냐고 물어보자, '정서적인 지원'이라고 대답해서, 리더들이 예상하지 못했던 답이라며, 다소 당황해했던 것도 기억한다.

결국, 조직의 핵심인재를 유지하기 위한 효과적인 솔루션은 '사람' 그 자체가 아닌가 생각한다. 어떻게 보면 막연하고 모호한 뜬구름 잡는 이야기로 들릴 수도 있겠지만, 리더들의 입장에서 보면, '일' 자체에 대한 관심과 병행하여, '사람'에 대한 관심 또한 균형감 있게 가질 필요가 있다는, 매우 실제적인 이야기이다. 가끔 코칭을 할 때, 사람에 대한 관심, 민감하게 관찰을 할 필요성, 감정에 대한 세심한 공감 등에 대해 이야기를 하면, 본인은 부하직원들과 '사적인 이야기'는 잘 못한다고 손사래를 치는 분들을 만나게 된다. 자녀는 몇 명인지, 여자친구랑은 몇 년 사귀었는지, 집은 살건지 말건지에 대해 시시콜콜히 이야기하는 것이 사람에 대한 관심을 모두 설명하는 것은 아니다. 그리고 요새 젊은 친구들의 경우, 본인이 조언을 원하지 않았는데도 개인적인 삶에 대해 지나치게 많은 호기심을 보이면, 부담스러워하기도 한다.

상사의 코칭은 조직생활을 하는데 있어서 필요한 부분을 확실하게 다루어주면 된다고 생각된다. 기존에도 진행되고 있었던 업무진행에 관한 부분, 조금 더 신경을 써야 할 조직내 커리어 관리에 대한 부분, 그리고 새롭게 신경을 써야 할 구성원의 마음건강관리 부분이면 되지 않을까 싶다. 부드럽고 상냥하게 말을 잘 못한다고 해서 고민할 필요는 없다. 구성원들은 매끄럽게 말을 잘하는 리더를 원하는 것이 아니다. 오히려 겉만 번지르르한, 그야말로 영혼 없는 립서비스는 반감을 사기 쉽다. '안 봐도 내가 다 알아. 나도 네 시기 다 거쳐봤어. 누구는 너만큼 안 똑똑해서 회사 안 뛰쳐나가고 앉아 있는 줄 아냐. 나가봤자 별거 없어. 국으로 있으면서 시키는 일이나 해'라는 자만감보다는, '네가 어떤 생각과 감정을 가지고 있는지 궁금하다, 알고 싶다'라는 호기심어린 태도를 보이는 상사에 대한 긍정적인 평가가 많이 나오고 있다. 그러기 위해서, 리더가 첫 번째로 해야 할 일은 '지속적이고 세심한 관찰'이 될 것이다. 그리고 그 관찰결과를 기반으로 신중하게 고민해야 할 일은 '어떻게 전달할 것인가'라고 생각된다. 고민하고 있는 구성원을 조력할 때 가장 중요한 것은 전달하고자 하는 내용(contents)에 더하여, 효과적인 전달 방법(how)이니 말이다. '진심을 가지고 있으면 다 알게 될 거다'라고 너무 믿지 말자. 그 진심은 언어적으로, 비언어적(표정, 어조, 몸짓, 눈빛)으로 표현되었을 때에만 상대방에게 전달될 수 있다.

마지막으로 핵심인재의 유지를 위한 리더의 역할에서 기억할 것은, 구성원의 의미실현 과정에 관심을 가지는 일이다. 최근에 큰 이슈가 되고 있는 spiritual leadership의 구성을 보면, 개인의 삶과 조직의 삶에서 생산성을 높이고, 건강하고 행복한 삶을 살기 위해서는, 자신과 구성원의 핵심적인 가치와 삶의 의미에 대해 관심을 가질 것을 강조하고 있다.

(Sweeny & Patrick J., Fry, Louis W. 2012. Consulting Psychology Journal, Vol.64, Iss. 2)

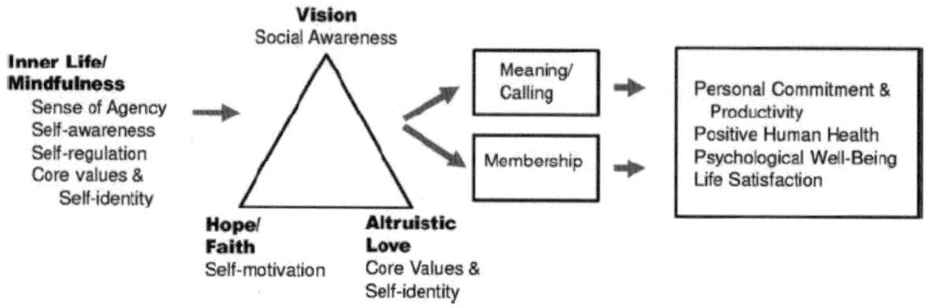

연구자들은 강인성(hardiness)을 가진 사람들은 어려운 상황에 닥쳤을 경우, 앞으로 잘 나아간다는 주장을 하였다. 강인성이란 스트레스가 생기기 쉬운 상황에서, 자신의 지각/평가/대처 능력을 촉진시키고, 문제를 성공적으로 해결함으로써 신체적&심리적 쇠약함을 예방하는 특성을 말한다. 강인성이 높은 사람들을 보면 몰입력(commitment)이 강하다. 몰입력이란 가족, 친구, 일과 같은 다양한 생활영역에 적극적으로 참여하는 역량을 가리킨다. 몰입력을 가지게 되면 사람은 명료한 목적의식을 갖게 되며, 스트레스 상황에서 도움을 요청할 수 있는 사회적 관계를 발전시키게 된다. 모든 삶의 영역에서의 몰입은 강인한 사람들의 특성이지만, 그 중에서도 자기 자신에 대한 강한 몰입은 가장 중요한 요소라고 한다. 높은 몰입도를 보이는 사람들은 자신의 주위 환경을 잘 관찰해서 스스로의 호기심을 채울 수 있고, 의미를 찾을 수 있는 무엇인가를 찾으려 노력한다. 또한 강인성이 높은 사람들은 도전력(challenge)이 높다고 한다. 도전력이란 어려운 상황을 마주했을 때, 위협이라기보다는 도전과제로 지각하는 정도이다. 두 사람이 똑같은 상황을 만나더라도, 어떤 사람은 해당 상황을 성장하고 새로운 것을 배울 수 있는 기회로 지각하는 반면, 다른 사람은 어려운 상황을 불쾌하고 위협적으로 받아들일 수 있다는 것이다. '도전력'이 높은 사람들은, 유연성 수준이 높으며, 스트레스 상황에서 적응할 가능성이 높다.

이와 같은 강인성은 삶의 목적과 의미를 명료화하고, 달성을 위해 끊임없이 연습을 하는 과정에서 길러지기 마련이다. 핵심인재 유지 문제를 고민하고 있는 우리 리더들이, '조직생활을 하는데 있어서 만나게 되는 어려운 상황들을, 신뢰할 수 있는 상사와 함께 극복해나가는 의미있는 기회'를 올해, 구성원들에게 많이 제공해주기를 기대한다.

참고문헌

강승훈(2005). 조직 내 세대 차이를 극복하라. LG주간경제(2005.03.23).

고현선(1995). 부부의 갈등대처유형이 결혼만족도에 미치는 영향. 한국가정관리학회지, 13(4), 71-83.

김현기(2010). 세대 다분화 시대에는 세대 공감 HR로. LG Business Review(2010.11.03).

니콜 립킨, 에이프릴 페리모어(2010). Y세대 코칭 전략. 시그마북스.

레이먼드 콜시니(2000). 현대심리치료. 중앙적성출판사.

리처드 블로나(2013). 스트레스 없는 풍요로운 삶. 시그마프레스.

배도희, 조아라, 이지연(2004). ADHD 아동과 우울한 아동의 얼굴표정 및 음성을 통한 비언어적 정서인식능력. 한국심리학회지: 임상. 23(3).741-754.

이경순, 이미경, 김경희(2003). 경험해 보기를 중심으로 한 인간관계와 의사소통. 서울: 현문사.

이승미, 오경자(2006). 정서인식불능, 정서표현에 대한 양가감정, 정서표현성이 중년 기혼 여성의 심리적 부적응에 미치는 영향. 한국심리학회지:임상. 25(1). 113-128.

이영돈(2006). KBS 특별기획 다큐멘터리 마음. 예담.

이정은, 이영호(2000). 개인특성, 스트레스 및 부부간 의사소통과 결혼만족도의 관계. 한국심리학회지: 임상, 19(3), 531-548.

임승락, 권정혜(1998). 부부간 의사소통 행동과 결혼생활 만족-성차, 요구입장 차이 및 성격 특성의 영향-. 한국심리학회 1998 연차대회 학술발표 논문집, 109-124.

에드워드 홀(2002). 숨겨진 차원. 한길사: 서울.

정방자, 최경희(2000). 성숙한 인간관계를 위한 대인관계와 정신역동. 이문출판사.

중앙일보(1998). 'Y세대' 떠오른다(1998.11.11).

트래비스 브래드베리, 진 그리브스(2011). 감성지능 코칭법. 넥서스BIZ.

Argyle, M. & Dean, J.(1965). Eye−contact, distance and affiliation. Sociometry, 18, 289−304.

Ciarrochi, Y., Chan. A. & Bajgal, J. (2000). A critical evaluation of the emotional intelligence construct. Personlaity & Individual Differences. 28. 539−561.

Duckworth, Peterson, Matthews, Kelly: "Grit: Perseverance and Passion for Long−term goals. Journal of Personality and Social Psychology, 92(January, 2007): 1087).

Ellsworth, P. & Carlsmith, J. (1968). Effects of eye contact and verbal content affective response to a dydadic interaction. Journal of Personality and social Psychology, 10, 15−20.

Elkman, P. & Friesen, W. V.(1975). Unmasking the face. Englewood Cliffs, N. J.: Prentice−Hall.

Goldman, S. L., Kraemer, D. T. & Salovey, P. (1996). Beliefs about mood moderate the relationships reporting. Journal of Psychosomatic Research. 41, 115−128.

Kleinke, C. L.(1975). First Impressions. Englewood Cliffs, NY.: Prentice−Hall.

Luthans.F, Youssef,C.M., Avolio, B.J(2007). Psychological Capital: Developing the Human competitive Edge. Oxford.

Mehrabian A.(1972). Nonverbal Communication. Chicago. Aldine/Atherton.

Seligman, M.(1990). Learned Optimism. New York: Free Press.

Shea, S. C.(1988). Psychiatric Interviewing: The Art of Understanding. Philadelphia: W. B. Saunders Company.

Salovey, P. & Mayer, J. D.(1990). Emotional Intelligence. Imagination, Cognition, & Personality, 9. 185−211.

Swinkle, A. & Guiliano, T. A. (1995). The measurement and conceptualization of mood awareness: Attention directed toward one's mood states. Personality and Social Psychology Bulletin, 21, 934−949.

저자소개

1. 최 윤 미

이화여자대학교 심리학과에서 상담심리학 전공으로 박사 학위를 받았다. 현재 강원대학교 교수로 재직하고 있으며, 한국상담심리학회 이사, 학술위원장, 편집위원, 서울가정법원의 가사조정위원과 2012년 한국상담심리학회장을 역임한 바 있다.

[역서] '나는 사랑의 처형자가 되기 싫다: 실존심리치료' (2014, 시그마프레스)
'한국에서의 연극치료와 가족치료: 다중지원 서비스' (2013, 시그마프레스)
'스트레스 없는 풍요로운 삶' (2013, 시그마프레스)
'쇼펜하우어 집단심리치료' (2008, 시그마프레스)
'사이코드라마 가이드' (2007, 시그마프레스)

[저서] '멘붕 탈출! 스트레스 관리' (2013, 학지사)
'심리극' (1996, 중앙적성출판사)

2. 박 정 민

이화여자대학교 심리학과에서 상담심리학 전공으로 석사 및 박사 학위를 받았다. 한국청소년상담원 선임상담원, 이화여자대학교 학생상담센터 연구원, (주) 다산 E&E의 EAP 팀장, (주) 피플인싸이트그룹의 EAP 팀장, (주) 리더스인싸이트그룹의 Development 담당 상무를 역임하였고, 현재 COZY SUDA라는 1인 기업 대표로 재직 중이다. 다양한 조직의 CEO, 임원 및 중간관리자, 구성원을 대상으로 건강한 마음 관리를 하는 상담심리전문가 및 smart leadership & followership을 관리하는 리더십 코치로 활발히 활동하고 있다.

[Homapage] www.cozysuda.com

[Email] monica@cozysuda.com

[역서] '스트레스 없는 풍요로운 삶' (2013, 시그마프레스)
'상사를 관리하라' (2011, 랜덤하우스)
'Y세대의 코칭전략' (2010, 시그마북스)
'중간관리자의 성과코칭스킬' (2009, 이너북스)
'심리치료의 거장' (2008, 학지사)

[저서] '남자의 공간' (2013, 21세기북스)
'멘붕 탈출! 스트레스 관리' (2013, 학지사)

3. 신 효 정

이화여자대학교 심리학과에서 상담심리학 전공으로 석사 학위를, 고려대학교 교육학과에서 학교상담 전공으로 박사 학위를 받았다. 한국청소년상담원 선임상담원, 고려대학교 교수학습개발원 연구교수를 역임하였고, 현재 아주대학교 교육대학원 교수로 재직 중이다.

[역서] '스트레스 없는 풍요로운 삶' (2013, 시그마프레스)

[저서] '멘붕 탈출! 스트레스 관리' (2013, 학지사)

오해하지 말아주세요

초판인쇄 2014년 10월 25일
초판발행 2014년 10월 30일

지은이 최윤미 · 박정민 · 신효정
펴낸이 안상준

편 집 김선민 · 한현민
기획/마케팅 노 현
표지디자인 최은정
제 작 우인도 · 고철민

펴낸곳 (주)박영story
서울특별시 금천구 가산디지털2로 53
등록 2014. 2. 12. 제2014-000009호
전 화 02)733-6771
f a x 02)736-4818
e-mail pys@pybook.co.kr
homepage www.pybook.co.kr
ISBN 979-11-85754-30-7 03180

정 가 9,000원